Tipp & Chip

Tastschreiben mit WINWORD

Lernbuch für das Computerschreiben

Neueste Norm DIN 5008

von
Hans Lambrich
Margit Lambrich

Illustrationen
Manfred Quegwer

winklers

Inhalt

5., neu bearbeitete Auflage, 2005
© Bildungshaus Schulbuchverlage
Westermann Schroedel Diesterweg
Schöningh Winklers GmbH
Postfach 11 15 52, 64230 Darmstadt
Telefon: 06151 8768-0 · Fax: 06151 8768-61
www.winklers.de
Druck: westermann druck GmbH, Braunschweig
ISBN 3-8045-7127-1

Word für Windows: Bildschirmaufbau

Wenn du Winword gestartet hast, sieht dein Bildschirm jetzt ungefähr so aus:

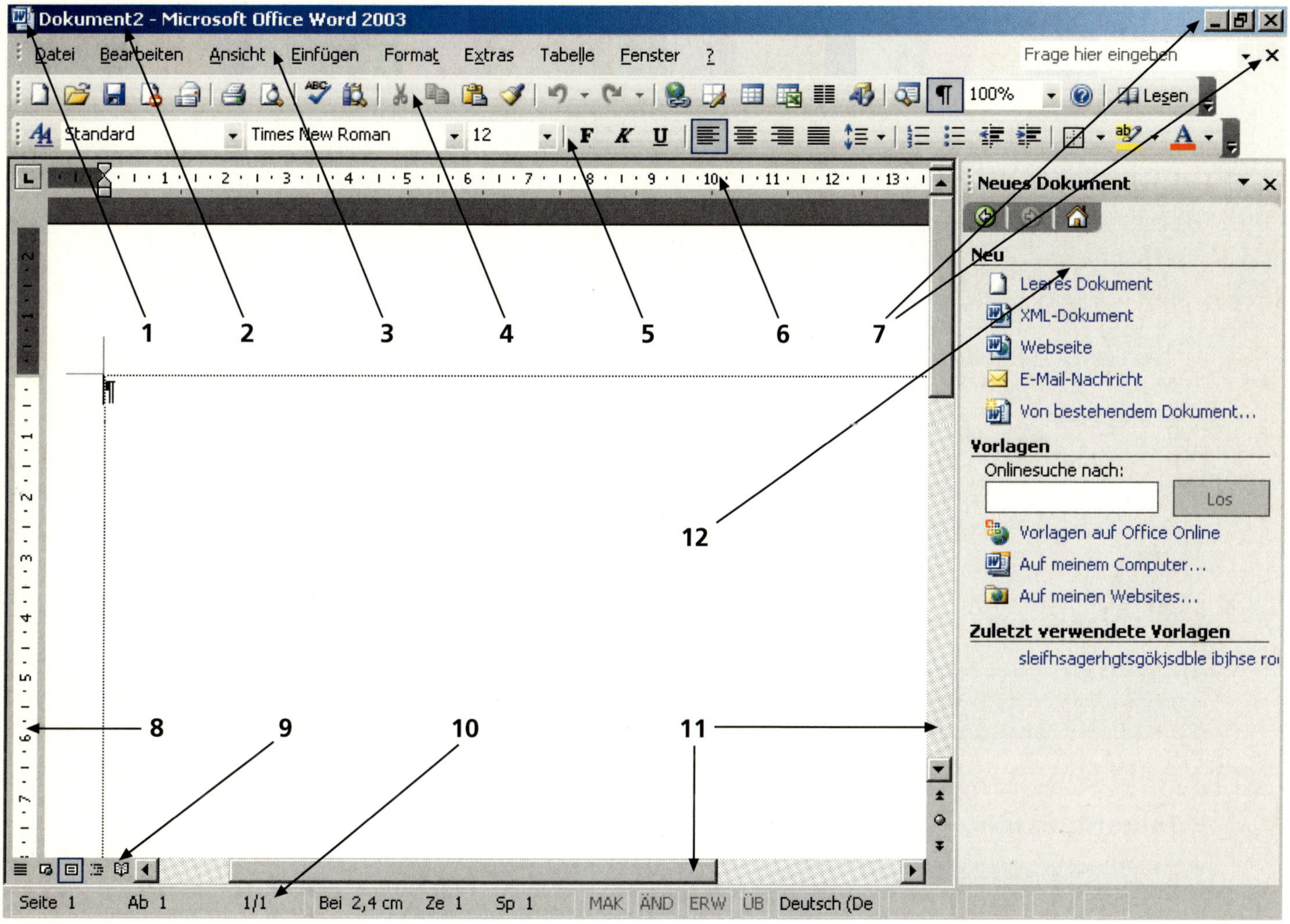

Legende:

1 Systemmenü Word 2003
2 Dateinamen mit Titel der Anwendung
3 Befehls- oder Menüleiste
4 Symbol- oder Funktionsleiste
5 Formatierungsleiste
6 Zeilenlineal
7 Bei dieser Symbolleiste haben die drei Symbole die Bedeutung:
   a) Verkleinerung zum Symbol
   b) Fensterdarstellung (Windowsdarstellung) , alternativ kann dieses Symbol angezeigt werden. Bei einem Klick darauf wird die Anwendung im Vollbildmodus ausgeführt.
   c) Beenden der Anwendung
8 vertikales Lineal
9 Ansicht: Diese Buttons bedeuten: Normal-, Weblayout-, Seiten-Layout-, Gliederungsansicht und Lesemodus-Layout
10 Statuszeile
11 Rollbalken
12 Aufgabenbereich

Wichtige Einstellungen bei Winword

Winword: Datei – Seite einrichten

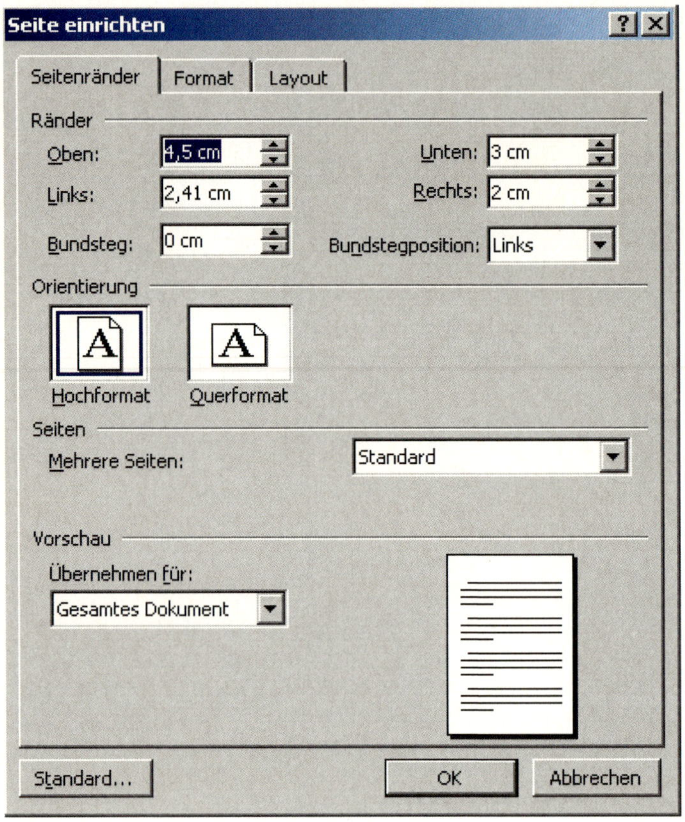

Am besten gibst du die Maße für die Seitenränder (Abstände von oben, unten, links und rechts) so ein, wie es dir diese Abbildung zeigt. Dann kannst du die kurzen Zeilen im Buch zweimal und die langen einmal schreiben. Wähle die Schriftart „Courier new“ in der Größe 12.

Winword: Extras – Optionen

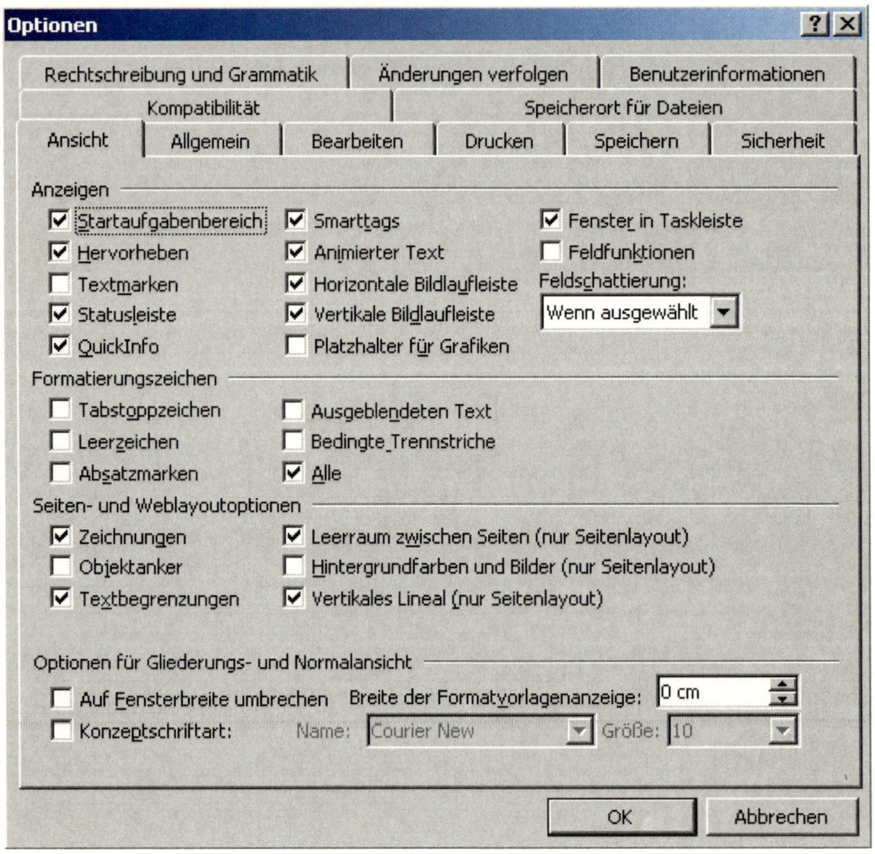

Einmalige Einstellungen für den Bildschirm gibst du bitte so ein, wie es diese Abbildung zeigt. Achte darauf, dass du bei „Formatierungszeichen“ auf jeden Fall „Alle“ anklickst.

Schreibe die Kurzzeile zweimal; das ergibt eine Langzeile.

Tastwege der flinken Zeigefinger

Zeile 1 f f f j j j f f f j j j f f f j
2 fjf fjf fjf jfj jfj jfj fjf fjf

Die Mittelfinger sind am stärksten

3 d d d k k k d d d k k k d d d k
4 dkd dkd dkd kdk kdk kdk dkd dkd
5 fff jjj ddd kkk fff jjj ddd kkk

Die kleinen Finger sind beweglich, aber schwächer

6 a a a ö ö ö a a a ö ö ö a a a ö
7 aöa aöa aöa öaö öaö öaö aöa aöa
8 fff jjj ddd kkk aaa ööö fff jjj

Die Ringfinger erfordern mehr Training

9 s s s l l l s s s l l l s s s l
10 sls sls sls lsl lsl lsl sls sls
11 fff jjj ddd kkk aaa ööö sss lll

Grundstellung und wichtige Silben

12 asdf jklö asdf jklö asdf jklö asdf jklö asdf jklö asdf jklö asdfj
13 fdsa ölkj fdsa ölkj fdsa ölkj fdsa ölkj fdsa ölkj fdsa ölkj fdsaf
14 asdf jklö fdsa ölkj asdf jklö fdsa ölkj asdf jklö fdsa ölkj asdfa
15 la la la ka ka ka sö sö sö dö dö dö la la la ka ka ka sö sö sö dö
16 al al al ak ak ak ös ös ös öd öd öd al al al ak ak ak ös ös ös öd

Wörter

17 ja ja ja da da da ja ja ja da da da ja ja ja da da da ja ja ja da
18 öd öd öd ja ja ja öd öd öd da da da öd öd öd ja ja ja öd öd öd ja
19 fad fad fad las las las fad fad fad las las las fad fad fad ja da
20 als als als fad fad fad las las las als als als fad fad fad öd ja
21 lös lös lös als als als fad fad fad lös lös lös als als als da ja

Sicherheitstest

22 das das das als als als das als das als als das als das als ja öd
23 las las las das das das las das las das das las das las das da ja
24 da das da das da das las ja las ja las ja öd ja lös da das ja lös
25 ja lös ja lös ja lös lös da fad da fad da öd öd fad ja lös da das
26 das las dass das las dass das las dass das las dass dass las dass

Lasse die Finger, die nicht schreiben, ruhig auf ihren Tasten liegen.

Cursorsteuerung

Wiederholung

Zeile 1 las las las das das das las las das das las das las das las das da
2 als als als las las las als als las las als las als las als als ja
3 las als das las als das las als das las als das las als das das öd

4 da ja das als da ja das als da ja das als da ja das als das das ja
5 ja da las das ja da las das ja da las das ja da las das als las öd
6 da ja das las da ja das las da ja das las da ja das las als das da

7 fad fad fad las las las fad fad fad las las las fad fad fad ja das
8 lös lös lös als als als fad fad fad lös lös lös als als als da lös
9 das las dass das las dass das las dass das las dass dass las öd ja

Wer ist der Cursor?

Der Cursor ist ein Lichtzeichen. Beim Schreiben blinkt er immer rechts neben dem zuletzt eingegebenen Zeichen. Du kannst den Cursor aber auch im Text bewegen – z. B. zu einer Stelle, die du ändern willst. Denn nur dort, wo der Cursor steht, kannst du arbeiten oder etwas ändern.

Am einfachsten steuerst du den Cursor mit der Maus. Setze den Mauszeiger an die gewünschte Stelle im Text und klicke mit der linken Maustaste. Der Mauszeiger wird zum Cursor.

Der Cursor lässt sich auch mit den Cursortasten (Pfeiltasten) oder mit besonderen Tasten bzw. Tastenfolgen steuern.

Schrittweise Cursorsteuerung mit den Cursorsteuertasten

a) ⇦ Cursorsteuerung nach links, zeichenweise

b) ⇨ Cursorsteuerung nach rechts, zeichenweise

c) ⇩ Cursorsteuerung nach unten, zeilenweise

d) ⇧ Cursorsteuerung nach oben, zeilenweise

Aufgabe 1: Erfasse die Zeilen 1 bis 9 dieser Seite.
Steuere den Cursor auf dem Bildschirm mit den unter a), b), c) und d) angegebenen Tasten.

Sprungweise Cursorsteuerung

Um den Cursor schneller über längere Strecken zu bewegen, solltest du die sprungweise Cursorsteuerung anwenden:

a)	POS 1	Cursorsprung zum Zeilenanfang
b)	ENDE	Cursorsprung zum Zeilenende
c)	STRG + POS 1	Cursorsprung zum Textanfang
d)	STRG + ENDE	Cursorsprung zum Textende

Aufgabe 2: Erfasse die Zeilen 1 bis 9 dieser Seite.

Steuere den Cursor auf dem Bildschirm mit den unter a), b), c) und d) angegebenen Tasten der sprungweisen Cursorsteuerung.

Die perfekte Cursursteuerung musst du immer wieder trainieren.

Zwei wichtige Selbstlaute: e und i

Zuerst: **Wiederholen**

Zeile 1 asdf ölkj fdsa jklö asdf ölkj fdsa jklö asdf ölkj fdsa jklö asdfö
2 das dass lös fad dass lös als dass las lös fad dass als dass dass

Der D-Finger tastet halblinks hoch zum E.

Der K-Finger tastet halblinks hoch zum I.

Schreibe die Kurzzeile zweimal; das ergibt eine Langzeile.

Tastweg: e

3 ded ded ded dej dek del deö del
4 ded ded dea dea des des def ded
5 ede ede ede edj edk edl edf eds

6 dkd dkd dkd kdk kdk kdk dkd dkd
7 fff jjj ddd kkk fff jjj ddd kkk
8 öde öde ade ade öle öle öde öle

9 alles alles lade lade lade lade
10 jedes jedes löse löse löse löse
11 alles jedes lade löse jede alle

Tastweg: i

12 kik kik kik kif kid kis kia kik
13 kik kik kiö kiö kil kil kiö kiö
14 iki iki ikf ikd iks ikf ikö ikf

15 sie sie sie sei sei sei sie sei
16 die die die sie sie sie sei sei
17 sie sei die die sei sie sei die

18 fiel fiel fiel lief leise leise
19 lief lief feil feil fidel fidel
20 seid seid lief lief leise fidel

Training

21 dies dies dies fiel fiel fiel seid seid seid dies fiel seid leise
22 feil feil feil seid seid seid dies dies dies fiel fiel fiel fidel
23 seid fiel dies feil dies fiel seid feil fiel seid dies seid leise

24 diese diese diese leise leise leise diese diese leise leise diese
25 leise leise diese diese lasse lasse leise lasse diese lasse leise
26 diese leise lasse diese leise lasse lasse leise diese leise lasse

Sicherheitstest

27 ideal ideal ideal fidel fidel fidel ideal ideal fidel fidel ideal
28 alles alles alles ideal ideal ideal alles alles ideal ideal alles
29 las lasse das dass las lasse das dass las lasse das dass las dass
30 jede jede ödes ödes dass dass jede jede ödes ödes dass dass lasse

Kehre nach dem Anschlag mit dem Schreibfinger sofort in die Grundstellung zurück.

Komma und Punkt – Korrekturzeichen

Zuerst: Wiederholen

Zeile 1 asdf jklö desa kilö fesa jilö asdf jklö desa kilö fesa jilö fesaj
2 alle jede löse fiel lief dies ödes alle jede löse fiel lief lasse

Der K-Finger tastet rechts tief zum Komma.

Der L-Finger tastet rechts tief zum Punkt.

Schreibe die Kurzzeile zweimal. Nach Komma und Punkt steht ein Leerzeichen.

Tastweg: Komma

3 kik ak, ek, ik, ök, kik ak, ek,
4 ak, sk, dk, fk, jk, lk, ök, ak,
5 da, da, da, ja, ja, ja, je, je,

6 lies es, lies dies alles leise,
7 löse es, löse dies alles ideal,
8 lade es, seid alle fidel, dies,

Tastweg: Punkt

9 ak, al. ek, el. ök, öl. ak, al.
10 ja. ja. als. als. las. las. da.
11 sie. sie. sei. sei. seid. alle.

12 fiel, fiel. dies, dies, dieses.
13 seid, seid. lies, lies, fidele.
14 edel, edel. alle, alle. ideale.

15 alles, alles. jedes, jedes. ja.
16 leise, leise. lasse, lasse. da.
17 fidel, fidel. fasse, fasse. es.

Sofortkorrektur mit der Rücktaste bzw. Korrekturtaste

Beachte bitte, dass der Cursor beim Korrigieren mit der Rücktaste unmittelbar rechts neben dem falschen Zeichen oder der falschen Textstelle steht. – Erfasse nun die folgenden Zeilen und betätige sofort nach der Eingabe der falschen Buchstaben oder Wörter die Rücktaste bzw. Korrekturtaste, um zu korrigieren.

18 sei fidel, es lief. sei fedel, es lies. sei fidel, i f
19 sie fidel. es lief, sei fidel. löse es, sei fidel. ei öle das

Sofortkorrektur durch Überschreiben von Zeichen

Das Überschreiben falscher Zeichen ist nur möglich, wenn du dich im Überschreibmodus befindest. Der Überschreibmodus wird durch Betätigen der Taste EINFG geschaltet. Unten in der Statuszeile erkennst du ihn am Zeichen ÜB.

Erfasse nun die folgenden Zeilen. Die markierten Stellen in der 2. Zeile berichtigst du später durch Überschreiben. Dann sehen beide Zeilen eines Absatzes gleich aus.

20 je je des des jedes jedes jede jede dies dies sie,
21 je ja des das jedes jedes jede jede dies dies sei,

Präge dir fest ein, dass nach dem Komma und nach dem Punkt ein Leerzeichen steht.

Zuerst: Wiederholen

Zeile 1 asdf, jklö, desa, kilö, fesa, jilö, asdf, jklö, desa, kilö, fesa,
2 da, ja, es, öd, je, es, da, öd, je, ja, es, öd, ja, je, da, jede.

Der F-Finger tastet halblinks hoch zum R.

Der J-Finger tastet halblinks hoch zum U.

Schreibe die Kurzzeile zweimal; das ergibt eine Langzeile.

Tastweg: r

3 dcd frf frf frf frj frk frl fri
4 dir dir dir dar dar dar dir dir
5 leer leer leer reif reif reifer

6 aller aller reise reise klarer,
7 klare klare freie freie freier,
8 jeder jeder raffe raffe klarer,

9 dir, leer, dar, reif, er reise,
10 der, rief, dir, leer, er raffe,
11 dar, reif, dar, rief, es reife,

Tastweg: u

12 kik juj juj juj juf jud jus jua
13 juj jus jul juö juj juk jul juö
14 aus aus aus auf auf auf aus auf

15 faul, faul, faul, kaufe, kaufe,
16 raue, raue, raue, dulde, dulde,
17 faul, raue, faul, faule, dulde,

18 sause sause sause sauere sauere
19 drauf drauf drauf daraus daraus
20 sause drauf sause darauf darauf

Training

21 er dauere dauere dauere leeres leeres leeres dauere dauere leeres
22 es leider leider leider sauere sauere dauere leider sauere dauere
23 leider leer, leider flau, leider faul, leider leer, leider sauer.

24 alles frei, alles klar, alles reif, alles leer, alles frei, raue.
25 erfasse es, erfasse es, liefere es, liefere es, jeder erfasse es.
26 dass er erfasse, dass er es erfasse, dass sie dies alles erfasse.

Sicherheitstest

27 er rufe, er rufe es, er rufe aus, er dulde es, leider alles leer.
28 er lasse, er lasse es, er erlasse das, er fasse auf, erfasse das.
29 sei fair, dass er fair sei, dass sie fair sei, dass sie fair sei.
30 leere es aus, erfasse es, dass er es erfasse, dass er es erlasse.

Du vermeidest manchen Fehler, wenn du so gleichmäßig wie möglich schreibst.

Zuerst: Wiederholen

Zeile 1 asdedfrf ölkikjuj frfdedsa jujkiklö asdedfrf ölkikjuj asdedfrf öl
2 frei, leer, lies, klar, darf, faul, frei, fair, lies, klar, darf,

Griffwege der rechten Hand: linker Umschalter

Griffwege der linken Hand: rechter Umschalter

Schreibe die Kurzzeile zweimal; das ergibt eine Langzeile.

Tastweg: linker Umschalter

3 jJa jJa Ja Ja Ja Jude Jude Jude
4 kKa kKa Ka Ka Ka Karl Karl Karl
5 lLa lLa La La La Lauf Lauf Lauf
6 öÖa öÖa Öa Öa Öa Öse, Öse, Öse,

7 Jade, Jade, der Kauf, der Kauf,
8 Laie, Laie, alle Öle, alle Öle,

9 das Ufer, das Ufer, der Ural, der Ural, das Ufer, der Ural, Julia
10 die Idee, die Idee, die Isar, die Isar, die Idee, die Isar, Julia
11 der Jude, der Jude, die Laus, die Laus, das Leid, das Leid, Iller

Tastweg: rechter Umschalter

12 fFö fFö Fö Fö Fö Frau Frau Frau
13 dDö dDö Dö Dö Dö Dirk Dirk Dirk
14 sSö sSö Sö Sö Sö Seil Seil Seil
15 aAö aAö Aö Aö Aö Affe Affe Affe

16 Fall, Fall, Fall, Diele, Diele,
17 Saal, Saal, Saal, Adele, Adele,

18 Feld, Feld, das Fass, das Fass,
19 Reis, Reis, die Rede, die Rede,
20 Eile, Eile, der Efeu, der Efeu,

Training

21 der Juli, der Juli, das Feld, das Feld, der Juli, das Feld, Jude.
22 der Klee, der Klee, die Dias, die Dias, der Klee, die Dias, Kies.
23 die Luke, die Luke, die Saar, die Saar, die Luke, die Saar, Lira.

24 der Jak, der Jak, die Fee, die Fee, das Rad, das Rad, der Erlass,
25 der Jude, der Fakir, die Kasse, die Kasse, die Diele, der Diskus,
26 das Ölfeuer, das Ölfeuer, die Ausreise, die Ausreise, die Ideale,

Sicherheitstest

27 Er rufe Karl. Sie rufe Fred aus Kassel. Er rufe Ida aus Adelaide.
28 Ella, rede leise. Else, rede leiser. Ilse aus Riesa, rede leiser.
29 Ulf, kaufe Kaffee. Klara, kaufe Kaffee aus Jaffa. Rudi, kaufe es.
30 Ulrike, liefere Eis. Alfred, liefere Seife. Ella, liefere Löffel.

Jetzt kannst du schon kleine Sätze mit Großbuchstaben schreiben.

712710

Die ersten Spreizgriffe: g und h 6

Zuerst: Wiederholen

```
Zeile 1 asdedfrf ölkikjuj frfdedsa jujkiklö asdedfrf ölkikjuj asdedfrf öl
      2 Jude, Frau. Kauf, Dirk. Lied, Saal. Ufer, Reis. Idee, Eile. Affe.
```

Der F-Finger tastet waagrecht nach rechts zum G.

Der J-Finger tastet waagrecht nach links zum H.

Schreibe die Kurzzeile zweimal; das ergibt eine Langzeile.

Tastweg: g

```
 3 fgf fgf fgf fgö fgl fgk fgj fgf
 4 fgf fgd fgs fga fgf fgd fgs fga
 5 gfa gfs gfd gfg gri gri gru gre

 6 lag lag lag gar gar gar lag gar
 7 klug klug klug sage sage kluger
 8 grau grau grau ölig ölig grauer

 9 Sieg Sieg Sieg Geld Geld Gelder
10 Gras Gras Gras Girl Girl Geiger
11 Gier Gier Gier Gras Gras Gelder
```

Tastweg: h

```
12 jhj jhj jhj jha jhs jhd jhf jhj
13 jhj jhö jhl jhk jhj jhö jhl jhk
14 hjö hjl hjk hjö hjl hjk hjö hjk

15 aha, aha, aha, sah, sah, ersah,
16 her, her, her, ihr, ihr, daher,
17 ihr, ihr, ihr, aha, her, ihrer,

18 Ruhr Ruhr Ruhr Dreh Dreh Dreher
19 Hals Hals Hals Hass Hass Hasser
20 Hase Hase Hase Haus Haus Fahrer
```

Training

```
21 ruhig ruhig ruhig fahre fahre fahre ruhig fahre ruhig fahre ruhig
22 leihe leihe leihe siehe siehe siehe leihe siehe leihe siehe leihe
23 ersah ersah ersah erlag erlag erlag ersah erlag ersah erlag siehe

24 der Guss, der Guss, das Haar, das Haar, der Graf, der Graf, Kehle
25 aus Gera, aus Gera, aus Suhl, aus Suhl, aus Gera, aus Suhl, Halle
26 Gerda fuhr das Rad. Hilde fuhr das Rad. Gerd fuhr dieses Fahrrad.
```

Sicherheitstest

```
27 Frage Ida aus Kassel. Frage Ulla aus Gera. Frage Karla aus Halle.
28 Gerda las eifrig. Edgar fuhr sehr ruhig. Der Geselle erledige es.
29 Harald sah diese Auslage. Erhard sah diese Auslage. Er sah alles.
30 Gerd, leihe dir das Glas. Heike, leihe dir die Geige. Sie lag da.
```

Nach den Spreizgriffen ist die Rückkehr des Fingers in die Grundstellung sehr wichtig.

Zwei wichtige Mitlaute: t und z

Zuerst: Wiederholen

Zeile 1 frfgf jujhj asded ölkik jk,kö frfgf jujhj asded ölkik jk,kö frfgf
2 das Gas, der Hai, das Gras, der Herd, das Glas, der Huf, das Heu.

Der F-Finger tastet rechts hoch zum T.

Der J-Finger tastet links hoch zum Z.

Schreibe die Kurzzeile zweimal; das ergibt eine Langzeile.

Tastweg: t

3 frf ftf ftf ftf frf fta fts ftd
4 tfö tfl tfk tfj tfa tfs tfd tft
5 hat hat hat tut tut tut hat tut

6 gut gut gut tat tat tat gut tat
7 alt alt alt fit fit fit alt fit
8 hat tut gut alt fit tat hat gut

9 Takt Takt Takt Teig Taler Taler
10 Last Last Last Lift Tasse Tasse
11 Lift Lift Lift Last Karte Karte

Tastweg: z

12 juj jzj jzj jzj juj jzj jzö jzl
13 jzj jzö jzk jzl zja zjs zjd zjz
14 fta jzö atz etz utz itz ötz atz

15 zart zart zart kurz kurz zarter
16 sitzt sitzt sitzt zielte zielte
17 zu zuerst zuerst zuerst zuletzt

18 Zeit Zeit Zeit Salz Kreuz Kreuz
19 Ziel Ziel Ziel Zahl Zeuge Zeuge
20 Herz Herz Herz Arzt Zitat Zitat

Training

21 heute heute heute still still still heute heute still still heute
22 zahlt zahlt zahlt jetzt jetzt jetzt zahlt zahlt jetzt jetzt zahlt
23 stets stets stets siegt siegt siegt stets stets siegt siegt stets

24 der Zug, der Zug, der Zeh, der Zeh, das Tal, das Tal, die Kritik.
25 der Tag, der Tag, der Tag, der Test, der Test, der Test, die Tat.
26 der Gast, der Gast, der Gast, die Katze, die Katze, der Feiertag.

Sicherheitstest

27 Heute kauft Ute die Karte. Freitags kauft Ruth ihre Theaterkarte.
28 Diese Kritik ist sehr gut. Edith hatte alles sehr gut kritisiert.
29 Der Zeuge sagte alles aus. Der alte Gast diskutierte sehr heftig.
30 Die Aussage ist sehr klar. Dieters heutige Aussage ist sehr klar.

Jetzt kannst du schon viele wichtige Buchstaben richtig ertasten.

712712

Zuerst: Wiederholen

Zeile 1 asded frfgf ölkik jujhj frftf jujzj jki,kö ök,kj frftf jujzj jki,
2 der Tiger, die Zeile. das Tier, die Zelle. die Saat, die Uhrzeit.

Der F-Finger tastet rechts tief zum V.

Der J-Finger tastet rechts tief zum M.

Schreibe die Kurzzeile zweimal; das ergibt eine Langzeile.

Tastweg: v

3 frf fvf fvf fvf fvö fvl fvk fvj
4 fvf fva fvs fvd fvf fva fvs fvd
5 viel viel viel vier vier vieles

6 verlas verlas verkehrt verkehrt
7 verfiel verfiel verehrt verehrt
8 verlegt verlegt verhört verhört

9 Vers Vers Vers Vers Vater Vater
10 Vieh Vieh Vieh Vieh Verse Verse
11 Vers Vers Vieh Vieh Vater Verse

Tastweg: m

12 juj jmj jmj jmj jma jms jmd jmj
13 jmj jmö jml jmk jmj jmö jml jmk
14 dem dem dem kam kam kam dem kam

15 mir mir mir arm arm arm mir arm
16 mal mal mal ihm ihm ihm mal ihm
17 mehr mehr mehr muss muss musste

18 Meer Meer Meer Mark Marke Musik
19 Maus Maus Maus Darm Messe Messe
20 Turm Turm Turm Meer Miete Miete

Training

21 fremd fremd fremd mutig mutig mutig fremd fremd mutig mutig fremd
22 stumm stumm stumm meist meist meist stumm stumm meist meist stumm
23 verstellt verstellt verstellt versetzt versetzt versetzt versetzt

24 im Verhör, im Verhör, im Verlag, im Verlag, im Visier, im Visier.
25 mit Maske, mit Maske, mit Musik, mit Musik, mit Miete, mit Miete.
26 am Freitag, am Samstag, am Feiertag, am Markttag, erst am Mittag.

Sicherheitstest

27 Herr Veit Meier ist verreist. Er hatte die Miete im Juli gezahlt.
28 Mittags fuhr Eva mit dem Rad. Eva fuhr mit Irmtraut aus dem Haus.
29 Herr Stumm erhöhte die Miete. Jeder merkte, dass es um Geld geht.
30 Er hat leider viele Verluste. Erst jetzt meldete er die Verluste.

Richtiges Tastschreiben schont die Gesundheit. Tipper brauchen mehr Nerven.

Spreizgriffe in die Unterreihe: b und n

Zuerst: Wiederholen

Zeile 1 frf fvf juj jmj frfvf jujmj fgf jhj frf fvf juj jmj k,k k,ö frfvf
2 die Vase, die Mark. der Vers, der Mais. das Vieh, die Mathematik.

Der F-Finger tastet tief weit rechts zum B.

Der J-Finger tastet links tief zum N.

Schreibe die Kurzzeile zweimal; das ergibt eine Langzeile.

Tastweg: b

3 fvf fbf fbf fbf fbö fbl fbk fbf
4 fbf fba fbs fbd fbf fba fbs fbd
5 bis bis bis bei bei bei bis bei

6 beim beim beim aber aber bereit
7 gibt gibt gibt hebt hebt breite
8 brav brav brav gelb gelb gelbes

9 Baum Baum Baum Ball Ball Briefe
10 Bier Bier Bier Tube Tube Brauer
11 Beet Beet Beet Bett Bett Fieber

Tastweg: n

12 jmj jnj jnj jnj jna jns jnd jnf
13 jnj jnö jnl jnk jnj jnö jnl jnk
14 neu neu neu den den den neu den

15 sein sein sein kein kein seiner
16 nass nass nass kein kein nasser
17 lang lang lang fein fein langes

18 Nase Nase Nase Nerv Nerv Nerven
19 Neid Neid Neid Name Name Burgen
20 Narr Narr Narr Bahn Bahn Bahnen

Training

21 geben geben geben haben haben haben geben geben haben geben haben
22 sagen sagen sagen sehen sehen sehen neben neben sagen sagen neben
23 leben leben leben heben heben heben leben leben heben heben leben

24 der Baum, der Baum, der Neid, der Neid, der Neid, der Futterneid.
25 der Berg, der Berg, das Blei, das Blei, das Blei, die Bleistifte.
26 in den Bergen, in den Burgen, in den Beeten, in den Niederlanden.

Sicherheitstest

27 Ute hat erst einmal angerufen. Ihr Aufenthalt geht jetzt zu Ende.
28 Die Feier findet in Ulm statt. Unser Fest fand sehr viel Beifall.
29 Jeder muss den Beitrag zahlen. Mein Verein bietet viele Kurse an.
30 Diese Kurse sind sehr beliebt. Unsere Teilnehmer sind begeistert.

Unterscheide zwischen weiten Griffwegen (b, n) und Normalgriffen (v, m).

Gesamtwiederholung – Korrekturübung

Zuerst: Wiederholen

Zeile 1 asdfbf ölkjnj fbfdsa jnjklö frfded jujkik fvfbfv jmjnjm jmjk,kjmj
2 das Bild, der Name. die Bahn, der Nerv. der Baum, der Bahnverkehr

Schreibe die Kurzzeile zweimal; das ergibt eine Langzeile.

Kennst du diese Städte?

3 Gera Hamm Jena Kiel Selb Amberg
4 Emden Essen Eutin Fulda Bamberg
5 Hagen Hanau Halle Husum Dresden

6 Jever Kleve Mainz Neuss Hamburg
7 Riesa Stade Trier Zeitz Marburg
8 Berlin Bremen Dessau Erfurt Ulm

9 Krefeld Ilmenau Limburg Rastatt
10 Freiburg Duisburg Mannheim Leer

Namen – Tiere – Pflanzen

11 Ulf Uli Bert Dirk Emil Fred Gerd Hans Hein Karl Kurt Lutz Andreas
12 Eva Ina Anna Dina Effi Ella Else Emma Erna Gina Maud Nina Annette

13 Gnu Emu Affe Hase Hund Igel Lama Nerz Rind Zebu Biber Gemse Iltis
14 Kamel Katze Krake Krebs Ratte Tiger Zebra Jaguar Elefant Seehunde
15 Agave Aster Erbse Gurke Hafer Hirse Liane Lilien Melisse Himbeere

Korrekturübung: Sofortkorrektur durch Löschen von Zeichen

Die Taste ENTF kannst du im Einfüge- und im Überschreibmodus für das Löschen von Zeichen einsetzen. Den Cursor setze bitte vor das falsche Zeichen, also links davon.

Erfasse nun die folgenden Zeilen, in denen die Buchstaben der längeren Wörter gekennzeichnet sind. Diese Buchstaben löschst du nach dem Schreiben mit der Taste ENTF.

16 diene. fasse. fehle. halte. löse. gehe. möge. zum.
17 dienen. fassen. fehlen. halten. lösen. gehen. bis.

18 lerne. kenne. könne. lasse. lehne. melde. her. zu.
19 lernen. kennen. können. lassen. lehnen. melden. er

20 öffne. rette. sinke. störe. liege. liebe. ist. es.
21 öffnen. retten. sinken. stören. liegen. lieben. da

Korrekturübung: Sofortkorrektur durch Einfügen von Zeichen

Beim Einfügen muss der Cursor an der Einfügeposition stehen. Der Text wird durch das Einfügen nach rechts verschoben. Er wird automatisch neu umbrochen, also dem Zeilenende angepasst.

Erfasse nun die folgenden Zeilen. Füge die gekennzeichneten Buchstaben bei den kürzeren Wörtern ein. Bei einigen Wörtern in Zeile 25 musst du dann auch den 2. Buchstaben durch Überschreiben korrigieren, damit daraus ein Kleinbuchstabe wird.

22 öffne. rette. sinke. störe. liege. liebe. ist. es.
23 öffnen. retten. sinken. stören. liegen. lieben. da

24 Ei Rum Mai Mal Eis Teak Ende Ahne Sultanine Ananas
25 Eis Ruhm Mais Malz Reis Steak Lende Sahne Tee Bier

26 Franz Edi Martin Andrea Dirk Bert Gerd Emil Alfred
27 Franziska Martina Andreas Berta Gerda Agnes Angela

Auch für das Korrigieren brauchst du natürlich viel Übung.

Rechtschreibprüfung (1)

Wichtige Funktionen

Mit „Winword“ kannst du nicht nur Texte erfassen und bearbeiten. Das Rechtschreibprogramm prüft und korrigiert auch deine Texte. Beschäftige dich mit den folgenden Übungen und wende die Rechtschreibprüfung auch künftig bei allen Texten an.

Prüfung der Rechtschreibung

❶ Erfasse die folgenden Zeilen fehlerfrei.

Ihre Anfrage traf gestern ein. Die Briefe sind jetzt bald fertig.
Der Zeitungsartikel ist eilig. Sie reden mit dem neuen Redakteur.
Diese Bedingungen sagen uns sehr zu. Das Interesse ist zu gering.
Unser Antrag ist bearbeitet. Herr Dr. Kurt Mefert kam erst jetzt.

❷ Das Programm prüft jetzt die Rechtschreibung:

Menü **Extras ➔ Rechtschreibung und Grammatik** oder Symbol

Wenn du alles richtig erfasst hast, wird das unbekannte Wort Mefert angezeigt. Diesen Eigennamen enthält das Wörterbuch des Programms natürlich nicht. Du willst diesen Eigennamen auch nicht hinzufügen und klickst deshalb auf <u>Einmal ignorieren.</u>

Aufgaben

❶ Erfasse die folgenden Zeilen fehlerfrei.

Herr Karl Hauser bat uns ihm die bestellten Hefte bald zu senden.
Alle Briefe, die sie erhalten haben, sind sehr klar und treffend.
Diese Ideen haben allen Freunden und Bekannten sehr gut gefallen.
Jan und Karl nehmen freitags am Tennistraining in der Halle teil.

Seit Mai ist Herr Dr. Frank Zenker Leiter des Turnvereins in Ulm.
Unsere Turnerinnen und Turner können Herrn Dr. Zenker gut leiden.
Dr. Frank Zenker hat in Mannheim, Karlsruhe und Bamberg studiert.
Sein neuer Stellvertreter ist Herr Dieter Berghausen aus Marburg.

Seit Juni leitet Frau Irene Bauer den Kindergarten unserer Stadt.
Frau Irene Bauer, die aus Hamburg stammt, liebt ihren Beruf sehr.
Sie arbeitet mit ihren drei jungen Helferinnen sehr gut zusammen.
Dagmar, Regine und Irmgard sind mit ihrer Arbeit immer zufrieden.

❷ Prüfe die Rechtschreibung und denke daran, dass das Wörterbuch nicht alle Eigennamen enthält. Diese Eigennamen solltest du auch nicht hinzufügen.

Die Rechtschreibprüfung ist eine wertvolle Hilfe.

712716

Zuerst: **Wiederholen**

Zeile 1 frfded jujkik fvfdsa jmjklö ftfded jzjkik fbfdsa jnjklö ftfded ju
2 der Dank, die Ehre, die Gabe, der Raum, die Rede, die Stadthalle,

Der D-Finger tastet rechts tief zum C.

Komma mit Umschaltung ergibt das Semikolon.

Nach dem Semikolon steht ein Leerzeichen.

Schreibe die Kurzzeile zweimal; das ergibt eine Langzeile.

Tastweg: c

3 fvf jmj k,k dcd dcd dca dcs dcf
4 ach ach ach ich ich ich ach ich
5 sich sich sich auch auch sicher

6 dich dich dich euch euch dichte
7 echt echt echt nach nach echter
8 sich dich euch echt auch sicher

9 Creme Creme Creme, der Chirurg,
10 Christ Christ Christ, Christen,
11 Center Center Center, Charakter

Tastweg: Semikolon (Strichpunkt)

12 jmj k,k k;k k;k k;k k;ö k;l k;j
13 k,k k;k k,j k;j k,l k;l k,k k;k
14 ich, ich; euch, euch; zugleich;

15 ach, ach; acht, acht; durchaus;
16 auch, auch; sich, sich; sicher;
17 mich, mich; nach, nach; nichts;

18 Leib, Laib; Leib, Laib; im Leib
19 Seite, Saite; Seite; die Saite;
20 Meier, Maier; Meier; Frau Maier

Training

21 Du schreibst auf einer Maschine; darum arbeitest du sehr schnell.
22 Sie möchten gute Arbeit leisten; darum strengen sie sich auch an.
23 Auch Tina hat das Ziel erreicht; denn sie trainiert an jedem Tag.

24 Das mehrstöckige Haus in Hildesheim ist leider bereits vermietet.
25 Der neue Mieter ist ein englischer Kaufmann; er verkauft Taschen.
26 Seine Söhne helfen ihm; sie bedienen sehr schnell und aufmerksam.

Sicherheitstest

27 Mein Freund Christian Schön besucht die Fahrschule. Herr Fischer,
28 sein Fahrlehrer, hat Erfahrung im Umgang mit Jugendlichen. Er ist
29 geduldig und höflich, aber auch ziemlich energisch. Christian hat
30 bereits sechs Fahrstunden. Sein Fahrlehrer ist mit ihm zufrieden.

Für c ist der linke Mittelfinger zuständig; der Zeigefinger ist mit v und b ausgelastet.

Die Ringfinger in der Oberreihe: w und o

Zuerst: Wiederholen

Zeile 1 frf juj ded kik fvf jmj dcd k,k l.l ftf jzj fgf jhj fbf jnj frfju
2 der Rat, die Uhr, das Eis, der Ire, das Buch, der Bach, das Tuch,

Der S-Finger tastet links hoch zum W.

Der L-Finger tastet links hoch zum O.

Schreibe die Kurzzeile zweimal; das ergibt eine Langzeile.

Tastweg: w

3 frf ded sws sws sws swö swl swk
4 frf ded sws swa swd swf swa swd
5 wir wir wir was was was wir was

6 wird wird wird wach wach wacher
7 wenn wenn wenn wagt wagt gewagt
8 weil weil weil warf warf bewarf

9 Werk Werk Werk Ware Ware Wetter
10 Wand Wand Wand Welt Welt Wasser
11 Wurf Wurf Wurf Wahl Wahl Waffel

Tastweg: o

12 juj kik lol lol lol loa los lod
13 juj kik lol loj lok loö loj lol
14 so, so, so, ob, ob, ob, so, ob,

15 rot rot rot vor vor vor sondern
16 von von von vom vom vom kostbar
17 doch doch doch noch noch jedoch

18 Ohr Ohr Ohr Oma Oma Oma Tochter
19 Ton Ton Ton Tor Tor Tor Torheit
20 Ost Ost Ost Not Not Not Notizen

Training

21 Endlich hat Arnold seinen Ferienjob bekommen. In den Sommerferien
22 muss er sich jeden Morgen im Autohaus Hoffmeister einfinden. Dort
23 kann Arnold manche Hilfsarbeiten machen. Der Job ist interessant.

24 Den Autos gilt Arnolds ganze Aufmerksamkeit. Alle Automarken kann
25 er sofort erkennen, ob Volvo, Ford oder ein anderes Fabrikat. Bei
26 Gebrauchtwagen ist das schwierig. Aber Arnold kennt sich gut aus.

Sicherheitstest

27 Unsere Stadt hat mehrere Schulen. Die Grundschule ist noch in der
28 Schulgasse untergebracht. Die Realschule hat seit letzten Oktober
29 einen schönen Neubau im Oberen Burgweg. Es gibt auch noch mehrere
30 Fachschulen; sie sind sehr beliebt. Udo besucht eine Musikschule.

Ganz prima ist, wenn du an jedem Tag einige Minuten Tastschreiben kannst.

712718

Zuerst: Wiederholen

Zeile 1 sws lol ded kik frf juj ftf jzj fgf jhj fvf jmj fbf jnj dcd k,kl.
2 der Wald, die Wand, die Welt, der Ober, das Obst, die Astronauten

Der A-Finger tastet links hoch zum Q.

Der Ö-Finger tastet links hoch zum P.

Schreibe die Kurzzeile zweimal; das ergibt eine Langzeile.

Tastweg: q

3 frf ded sws aqa aqa aqj aqk aql
4 sws aqa aqa aqf aqd aqs aqa aqf
5 qui qui qui quo quo quo bequeme

6 quer quer quer quer quitt quitt
7 quoll quoll quer quer quittiert
8 Quiz Quiz Quiz Quarz Quarzuhren

9 Quelle Quelle Quote Lottoquoten
10 Quantum Quantum Quader Quittung
11 Quadrat Quadrat Quartier Quaste

Tastweg: p

12 juj kik lol öpö öpö öpö öpa öps
13 lol öpö öpö öpj öpk öpl öpj öpl
14 per per per pro pro pro doppelt

15 paar paar paar plus plus purpur
16 knapp knapp knapp spitz spitzer
17 super super super pumpt gepumpt

18 Tipp Tipp Tipp Pakt Pakt Pakete
19 Post Post Post Park Park Posten
20 Polo Polo Polo Pass Pass Papier

Training (Tipp: Längere Wörter zerlegen und vorüben.)

21 Im September werden wir eine Papierfabrik besichtigen. Sicherlich
22 ist die Papierproduktion hochinteressant, doch gar nicht einfach.
23 Deshalb hat unser Lehrer, Herr Pol, die Besichtigung vorbereitet.

24 Herr Pol hat uns einen Film gezeigt, der die Stationen darstellt,
25 die bei der Papierfabrikation wichtig sind. Wir wissen also, dass
26 es in der Papierfabrik viel zu sehen gibt. Darauf freuen wir uns.

Sicherheitstest

27 Die Klassenfahrt geht diesmal nach Quedlinburg. Das ist eine alte
28 Kreisstadt an der Bode. Das mittelalterliche Stadtbild bietet dem
29 Besucher viel Sehenswertes. Die Altstadt ist Weltkulturerbe. Herr
30 Pohl, unser Lehrer, hat gesagt, dass es viele Fachwerkbauten gibt.

Längere Wörter fallen oft schwer. Tipp: Längere Wörter zerlegen und vorüben.

Rechtschreibprüfung (2)

Korrigieren mit dem Rechtschreibprogramm

❶ Erfasse die folgenden Zeilen mit den markierten Fehlern.

Zeile 1 Unsere Klasse hat nun auch eine eigene Zeittung zusammengestellt.
2 Jetzt bitten die jungen Redaktöre um gute und eifriege Mitarbeit.
3 Sicherlich gibt es sehr viele Themen, die gut zo bearbeiten sind.
4 Diese Klassenzeihtung ist bereits heute bei allen Lesern beliebt.

❷ Drucke den Text. Korrigiere die Fehler zuerst handschriftlich.

❸ Prüfe die Rechtschreibung.

Klicke auf das Menü **Extras → Rechtschreibung und Grammatik** oder auf das Symbol

Möglichkeit 1:

Auf dem Bildschirm erscheinen Vorschläge zur Korrektur. Der markierte Vorschlag, z. B. Zeitung, soll angenommen werden. Klicke bitte auf **Ändern**.

Möglichkeit 2:

Auf dem Bildschirm erscheinen Vorschläge zur Korrektur. Der infrage kommende Vorschlag, z. B. zu, ist noch nicht markiert. Mit der Rücktaste löschst du das vorgegebene Wort bei **Nicht im Wörterbuch** und gibst zu ein. Dann klickst du wieder auf **Ändern**.

Möglichkeit 3:

Auf dem Bildschirm erscheinen Vorschläge zur Korrektur. Es soll kein Vorschlag angenommen werden. Klicke bitte auf **Einmal ignorieren**.

Möglichkeit 4:

Auf dem Bildschirm erscheinen keine Vorschläge zur Korrektur. Gib deinen Korrekturvorschlag bei **Nicht im Wörterbuch** ein und klicke auf **Ändern**.

Ergänzung des Wörterbuchs im Rechtschreibprogramms

❶ Prüfe in dem korrigierten Text der Zeilen 1 bis 4 dieser Seite noch einmal die Rechtschreibung.

❷ Bei dem Wort Klassenzeitung erscheinen keine Vorschläge zur Korrektur, da sich dieses Wort nicht im Wörterbuch befindet.

❸ Das im Text markierte Wort, in diesem Fall Klassenzeitung, kannst du ins Wörterbuch übernehmen:

Zum Wörterbuch hinzufügen

Wörter hinzufügen kannst du auch nach den Möglichkeiten, die unter 1 bis 4 beschrieben sind.

Die Rechtschreibprüfung solltest du regelmäßig anwenden.

712720

Der waagrechte Spreizgriff des rechten kleinen Fingers: ä 13

Zuerst: Wiederholen

Zeile 1 fvfdcdjmjk,k dcdjmjk,kl.l fvfdcdjmjk,k dcdjmjk,kl.l jk,kl.l fvfdc
2 der Quark, die Quote, die Queen, die Pause, der Preis, das Pfund,

Der Ö-Finger spreizt nach rechts zum Ä.

Schreibe die Kurzzeile zweimal; das ergibt eine Langzeile.

Tastweg: ä

3 fgf öäö öäö öäö öäf öäd öäs öäa
4 öäö öäj öäk öäl öäö öäj öäk öäl
5 fö fä jö jä kö kä lö lä fö fäfä

6 wäre wäre wäre spät spät später
7 käme käme käme läge läge ankäme
8 hätte hätte hätte tätig unfähig

9 Ähre Ähre Ähre März März Städte
10 Nähe Nähe Nähe Käse Käse Dächer
11 Kängurus, Kängurus, Sekretärin,

Wortschatzübung

12 Länder Holländer Nordländer Engländer Einfuhrländer Ausfuhrländer
13 Käufe Einkäufer Verkäufer Wiederverkäufer Ladenkäufe Käufermärkte
14 Mädchen Mädchenschulen Mädchenkleider Mädchenklassen Mädchennamen
15 Häuser Hochhäuser Wohnhäuser Nebenhäuser Reihenhäuser Lagerhäuser

Training

16 In den Klassen sitzen auch viele Kinder ausländischer Eltern. Mit
17 ihnen gut auszukommen ist kein Problem. Die Kinder lernen mit uns
18 und wir spielen zusammen. Alle Ausländer sind daran interessiert,
18 dass sie die deutsche Sprache schnell lernen. Das fällt leichter,
20 wenn die Deutschen mit ihrer Sprache sorgfältig umgehen. Toleranz
21 auf beiden Seiten bringt Deutsche und Ausländer dann immer näher.

Korrekturübung *(Zeilenabstand 1,5)*

22 ~~Bei~~ der Diskussion kommt es vor allem auf einen ⊢⊣ In
23 qualifizierten und fairen Diskussionsleiter an.

24 Gute Vorbereitung ~~ist hier~~ nämlich sehr wichtig. | gen ⊢⊣ sind dabei
25 Selbstverständlich sol~~len~~ in der Diskussion ~~alle~~ ⊢⊣ lte ⊢⊣ jeder

26 zu Wort kommen, auch und ganz besonders die junge
27 Generation. Jeder Teilnehmer sollte ~~tolerant sein~~. ⊢⊣ Toleranz zeigen

Achte immer darauf, dass beim Spreizgriff zum Ä die Finger auf J, K, L bleiben.

14 Der Ringfinger in der Unterreihe: x und Doppelpunkt

Zuerst: Wiederholen

Zeile 1 fvf fbf jmj jnj dcd k,k fvf fbf jmj jnj dcd k,k l.l k,k l.l dcdcd
2 der Lärm, die Säge, der Jäger, die Zähne, die Zäune, die Päckchen

Der S-Finger tastet rechts tief zum X.

Punkt mit Umschaltung ergibt den Doppelpunkt.

Nach dem Doppelpunkt steht ein Leerzeichen.

Schreibe die Kurzzeile zweimal; das ergibt eine Langzeile.

Tastweg: x

3 fvf dcd sxs sxs sxs sxö sxl sxk
4 sxs sxf sxd sxa sxs sxd sxf sxa
5 oxs ixs uxs exs axs oxs ixs uxs

6 boxe boxe boxe hexe hexe gehext
7 extra extra extra exakt exakter
8 mixen mixen mixen mixen gemixte

9 Box Box Box Lux Lux Lux Exporte
10 Max Max Max Axt Axt Axt Lexikon
11 Text Text Texte Hexen Textilien

Tastweg: Doppelpunkt

12 jmj k,k l.l l:l l:l l:ö l:k l:j
13 Ort: Ulm; Name: Max Zimmermann;
14 Tag: Sonntag; Monat: September;

15 Farben: gelb, blau, rot, braun;
16 Bäume: Lärche, Kiefer, Flieder;
17 Namen: Ingrid, Carmen, Claudia;

18 Städte: Aachen, Berlin, Xanten;
19 Gebirge: Harz, Eifel, Spessart;
20 Sport: Golf, Boxen, Hochsprung;

Training (Tipp: Längere Wörter zerlegen und vorüben.)

21 Zu Weihnachten habe ich ein Lexikon bekommen. Das Lexikon enthält
22 viele Namen und Begriffe. Es ist ein exaktes Nachschlagewerk, das
23 alles Wissenswerte behandelt: Sport, Technik, Beruf, Medizin usw.

24 Mein Lexikon behandelt die Wissensgebiete kurz, aber vollständig.
25 Es gibt auch Speziallexika: Länderlexika, Sportlexika usw. Häufig
26 nehme ich das Lexikon vor und blättere darin; es ist interessant.

Sicherheitstest

27 Gestern haben wir einen Kulturfilm gesehen. Er brachte Bilder aus
28 Mexiko. Wir sahen, dass das Leben in Mexiko nicht so einfach ist.
29 Den Film hatte eine deutsche Expedition gedreht. Diese Expedition
30 filmte auch das mexikanische Hochland. Dies hat uns interessiert.

In Fremdwörtern und Namen ist der Buchstabe X gar nicht so selten.

Der kleine Finger spreizt in die Oberreihe: ü

Zuerst: Wiederholen

Zeile 1 frftf jujzj fvfbf jmjnj dedcd kik,k swsxs lol.l aqasw öpölo frftf
2 der Text, das Taxi, der Luxus, die Texte, in Texas, die Experten,

Der Ö-Finger spreizt rechts hoch zum Ü.

Schreibe die Kurzzeile zweimal; das ergibt eine Langzeile.

Tastweg: ü

3 aqa öpö ftf öüö öüf öüd öüs öüa
4 ftf öüö öüj öük öül öüö öüj öük
5 öäö öüö öäj öüj für für für für

6 dafür dafür dafür wofür günstig
7 übrig übrig glüht glüht füttern
8 müsst müsst rückt rückt müssten

9 Tür Tür Tür Süd Süd Tür Haustür
10 Tüte Tüte Tüte Züge Züge Mütter
11 Düse Düse Düse Übel Übel Brücke

Wortschatzübung

12 überall übersetzen übergibt überhört übernimmt überlegten herüber
13 Übernahme Übermut Übersicht Überfall Übergang Überzug Übertragung
14 Rücksicht Rückfahrt Rückgang Rückkehr Rückzug Rückweg Rückschritt
15 Glück Glückwunsch Glückwünsche Glücksache Glücksfälle Glücksboten

Training

16 Soeben hat Christian Schön seinen Führerschein gemacht. Natürlich
17 ist er sehr glücklich darüber. Die Fahrprüfung war durchaus nicht
18 einfach. Das gilt zunächst für die theoretische Prüfung. Aber der
18 junge Prüfling hat die Verkehrsregeln tüchtig gelernt. Später kam
20 die Prüfungsfahrt. Mit Vorfahrt oder Rückwärtsfahren hatte er gar
21 keine Probleme. Rücksicht auf andere, so lautet Christians Motto.

Korrekturübung *(Zeilenabstand 1,5)*

22 ~~Ein~~ gesundes Frühstück ist für alle wichtig. ~~Das~~ — Das | ß | Dies
23 gilt ~~besonders~~ für Schülerinnen und Schüler. Obst — vor allem

24 und Südfrüchte eignen sich für die Frühstückspause
25 in der Schule ~~ganz besonders~~ gut. Dagegen sind — natürlich sehr

26 Schokoriegel und Kekse nicht ~~so~~ gut geeignet. Wir — ß
27 wünschen dir guten Appetit zu deinem Frühstück.
28 Denn das Frühstück ist ~~die~~ wichti~~gste~~ Mahlzeit. — eine | ge

Den Spreizgriff des rechten kleinen Fingers zum Ü musst du tüchtig üben.

Markieren

Zuerst: Einschreiben

```
Zeile 1 Bestimmt willst du das, was du schreibst, nicht nur korrigieren,
      2 sondern auch schön gestalten. Dies nennt man formatieren. Zuerst
      3 müssen diese Stellen aber markiert werden. Am einfachsten nimmst
      4 du dazu die Maus. In der nächsten Zeile zeigen wir ein Beispiel.
```

So geht es:

❶ Zeige mit der Maus auf das Wort Markierungsbeispiel in Zeile 5 und doppelklicke mit der linken Maustaste.

```
5 Hier hat man nun das Wort Markierungsbeispiel korrekt markiert.
```

❷ Lösche das markierte Wort Markierungsbeispiel mit der Taste ENTF.

Lösung:

```
6 Hier hat man nun das Wort korrekt markiert.
```

Und so ist es sehr rationell:

Möglichkeit	Ausführung mit der Maus
ein Wort	im Wort Doppelklick mit der linken Maustaste
mehrere Wörter	vor das 1. Wort zeigen, mit der linken Maustaste klicken und die Maus bis zum letzten Wort ziehen, das du markieren willst
Satz	STRG-Taste gedrückt halten und mit der linken Maustaste an einer beliebigen Stelle im Satz klicken
Zeile	auf die Markierungsleiste neben der Zeile zeigen und mit der linken Maustaste klicken
Absatz	auf die Markierungsleiste neben dem Absatz zeigen und mit der linken Maustaste doppelklicken
gesamter Text	auf die Markierungsleiste zeigen, die STRG-Taste gedrückt halten und mit der linken Maustaste klicken
Tabellenspalte	über die Tabellenspalte zeigen und mit der linken Maustaste klicken. Der Mauszeiger wird schwarz und verändert seine Form: 🡇

Zum Aufheben der Markierung klickst du mit der linken Maustaste – entweder im Wort oder irgendwo innerhalb der Markierung, wenn du mehr als ein Wort markiert hast.

Löschen von Wörtern, Sätzen oder Absätzen

Wende das Markieren für das Löschen in den folgenden Übungen dieses Lernbuches immer dann an, wenn du mehrere Buchstaben, Wörter, Sätze oder Absätze entfernen willst.

Aufgaben:

a) Markiere das Wort schön (einschließlich folgendem Leerzeichen) in Zeile 2 und lösche es.

b) Markiere die Textstelle das Wort (einschließlich folgendem Leerzeichen) in Zeile 5 und lösche sie.

c) Markiere den zweiten Satz (in Zeile 2) und lösche ihn.

d) Markiere den zweiten Absatz (= letzter Satz) und lösche ihn.

e) Markiere den gesamten (= restlichen Text) und lösche ihn.

Trainiere das Markieren, bis es richtig „sitzt“.

712724

Absätze bilden, einfügen und löschen

Erfasse zunächst diesen fortlaufenden Text.

Schon die Chinesen schätzten Eis als Köstlichkeit, lange bevor z. B. Griechen und Römer auf den Geschmack kamen. Im Laufe der Zeit verfeinerte sich die Eisherstellung ständig. Als besondere Gaumenfreude wurde das Speiseeis in immer mehr Ländern bekannt. Für den Siegeszug spielte jedoch Italien eine wichtige Rolle. Von dort aus unternahm das Eis seinen Siegeszug durch die Welt. Sogar Katharina von Medici wollte das Eis unbedingt in die französische Küche einführen. Auch die Kaiserin Maria Theresia liebte das Eis. Sie unterstützte viele Italiener, die sich mit der Herstellung von Eis auskannten. Eis ist leicht bekömmlich. Als gesunde Nascherei oder kleine Zwischenmahlzeit ist es sehr beliebt. Schon lange ist ein Eis zum Nachtisch die Krönung der kleinen Feier mit Freunden.

Du hast diesen Text ohne Absätze erfasst. Es ist aber kein Problem, die Absätze nachträglich einzufügen. In der Textverarbeitung gibt es zwei Möglichkeiten der Absatzbildung.

Absätze bilden

Absätze kannst du während der Texterfassung durch zweimaliges Betätigen der Rückführtaste ↲ (bzw. RETURN) bilden.

Du kannst die Absätze auch nachträglich an jeder beliebigen Stelle des Textes bilden.

Schon die Chinesen schätzten Eis als Köstlichkeit, lange bevor z. B. Griechen und Römer auf den Geschmack kamen. Im Laufe der Zeit verfeinerte sich die Eisherstellung ständig.

Als besondere Gaumenfreude wurde das Speiseeis in immer mehr Ländern bekannt. Für den Siegeszug spielte jedoch Italien eine wichtige Rolle. Von dort aus unternahm das Eis seinen Siegeszug durch die Welt.

Sogar Katharina von Medici wollte das Eis unbedingt in die französische Küche einführen. Auch die Kaiserin Maria Theresia liebte das Eis. Sie unterstützte viele Italiener, die sich mit der Herstellung von Eis auskannten.

Eis ist leicht bekömmlich. Als gesunde Nascherei oder kleine Zwischenmahlzeit ist es sehr beliebt. Schon lange ist ein Eis zum Nachtisch die Krönung der kleinen Feier mit Freunden.

Arbeitsablauf für die nachträgliche Absatzbildung:

Positioniere den Cursor mit der Maus am Ende des letzten Absatzes oder am Anfang des Absatzes, den du abtrennen willst. ➔ RETURN, RETURN.

Aufgabe 1: Bilde in dem erfassten Text über das Eis nachträglich die Absätze so wie in der Abbildung. Beachte aber, dass sich der Zeilenumbruch ändert.

Aufgabe 2: Füge die folgenden Sätze als vorletzten Absatz in deinen Text ein:

Die Eisspezialisten bemühen sich immer darum, die unnachahmliche Qualität ihres Eises unter Beweis zu stellen. Die Eisherstellung hat nämlich gerade in Italien eine sehr lange Traditon.

Arbeitsablauf: Erfassen ➔ Markieren ➔ Menü **Bearbeiten** ➔ **Ausschneiden** (oder das Symbol ✂) ➔ Cursor positionieren ➔ Menü **Bearbeiten** ➔ **Einfügen** (oder das Symbol 📋)

Aufgabe 3: Lösche den zweiten Absatz des Textes.

Arbeitsablauf: Markieren ➔ ENTF

Ein Text mit Absätzen ist übersichtlicher und lässt sich besser lesen.

Der erste Griff in die Ziffernreihe: ß

Zuerst: **Wiederholen**

Zeile 1 fva jmö dca k,ö sxa l.l ftf jzj fbf jnj öäö öüö ftf jzj fbf jöüöj
2 die Tür, die Hüte, die Züge, das Übel, die Rübe, der Kühlschrank,

Der Ö-Finger greift zwischen P und Ü hindurch hoch zum Eszett.

Schreibe die Kurzzeile zweimal; das ergibt eine Langzeile.

Tastweg: ß

3 aqa öpö ößö ößö ößö ößa ößs ößd
4 öpö öäö öpö ößö ößj ößk ößl ößö
5 saß saß saß süß süß süß saß süß

6 ließ ließ ließ heiß heiß heißen
7 weiß weiß weiß groß groß größer
8 reißt reißt heiß heißt verheißt

9 Maß Maß Maß Maße Maße Spaßvogel
10 Fuß Fuß Fuß Gruß Gruß Fußballer
11 Floß Floß Floß Spaß Spaß Straße

Wortschatzübung

12 Straße Straßen Straßenbahn Straßennetz Straßenname Straßenverkehr
13 Hauptstraße Nebenstraße Geschäftsstraße Einbahnstraße Milchstraße
14 mäßig regelmäßig unmäßig verhältnismäßig berufsmäßig behelfsmäßig
15 übermäßig gleichmäßig zweckmäßig fachmäßig planmäßige serienmäßig

Training

16 Für das Fußballspiel gegen die Mannschaft der Goetheschule hatten
17 wir fleißig trainiert. Endlich war der große Tag gekommen: Unsere
18 Mannschaft durfte erstmals im Stadion an der Bäderstraße spielen.
19 Gleich nach dem Anpfiff konnte Peter Strauß ein Tor schießen. Die
20 Flanke hatte Dietmar Weißer von links hereingegeben. Kurz vor dem
21 Abpfiff gelang Uwe Maß das zweite Tor. Der Sieg war verdient. Das
22 meinten die Fans. Sie sagten, dass dieses Spiel Spaß gemacht hat.

Korrekturübung *(Zeilenabstand 1,5)*

22 Die Verkehrssicherheit muss ⊢~~nun~~⊣ verbessert werden. — ⊢⊣ ständig
23 Jeder Fußgänger, Radfahrer / Autofahrer, wir alle — / und

24 sind für größere Sicherheit auf unseren Straßen
25 verantwortlich. Jede/r weiß auch, dass Vorsicht und — / rmann

26 Rücksicht viele Unfälle verhindern können. Kinder
27 und ältere Fußgänger sind ⌐ besonders gefährdet. — ⌐ immer

Wenn du ß sicher schreiben kannst, hast du später bei den Ziffern keine Probleme.

Zuerst: Wiederholen

Zeile 1 frfvf jujmj dedcd kik,k swsxs lol.l aqf öpj frfvf jujmj aqf öpjöp
2 die Box. die Axt. das Fax. das Taxi. der Text. der Luxus. Telefax

Der A-Finger tastet rechts tief zum Y.

Der Ö-Finger tastet rechts tief zum – (Mittestrich).

Schreibe die Kurzzeile zweimal; das ergibt eine Langzeile.

Tastweg: y

3 fvf dcd sxs aya aya ayj ayk ayl
4 dcd sxs aya aya ayf ayd ays aya
5 you you you yes yes yes hey hey

6 day day day why why why day why
7 boy boy boy any any any boy any
8 very very very lady lady family

9 Typ Typ Typ Yen Yen Yen Ypsilon
10 Jury Jury Jury Handy Handy Baby
11 City City City Spray Spray Okay

Tastweg: Mittestrich

12 jmj k,k l.l ö-ö ö-ö ö-f ö-d ö-s
13 l.l ö-ö ö-ö ö-j ö-k ö-l ö-ö ö-j
14 Worttrennung: Fes- te, Ba- cke,

15 Bindestrich: Max-Planck-Straße,
16 Karl-May-Spiele, Kurt-Fein-Weg,
17 Paul-Klee-Platz, Jan-Maat-Ufer,

18 Wortergänzung: An- und Abfahrt,
19 die Vor- und Zunamen eintragen,
20 Haupt- und Nebenstraßen kennen,

Training

21 Meine Freundin Sylvia stammt aus Speyer. Im März zog ihre Familie
22 nach Bayreuth. Sie wohnt mit ihren Eltern und den Schwestern Gaby
23 und Lydia in der Haydnstraße. Sylvia ist meine beste Freundin. Im

24 letzten Sommer war sie mit ihrer Familie in Sydney. Dort lebt ein
25 Bruder ihrer Mutter. Onkel Harry hat Sylvia, Gaby und Lydia viele
26 Storys über Australien erzählt. Harry Fisher ist dort Psychologe.

Sicherheitstest

27 England is not a continent, England is a country. Other countries
28 in Europe are Belgium, Holland, France, Spain, Portugal, Germany,
29 Italy, Switzerland, Austria. Denmark, Finland, Norway and Sweden
30 are in Scandinavia. - Du kannst diesen englischen Text verstehen.

Nun kannst du sogar schon englische Texte richtig schreiben.

Kopieren, Ausschneiden, Einfügen und Löschen von Textteilen

Zum Einschreiben

Beim Textverarbeitungsprogramm Winword werden sämtliche Textteile, z. B. Wörter, Satzteile, Sätze oder Absätze, markiert, bevor man sie bearbeiten kann. Die markierten Stellen kannst du kopieren, ausschneiden, einfügen und löschen. Schau dir nun die Aufgaben an.

Kopieren von Textteilen

Aufgabe 1: Kopiere den Text der Zeilen 1 bis 4 dieser Seite, nachdem du den Text erfasst hast.

Arbeitsablauf:

Absatz markieren ➔ Text kopieren (Menü **Bearbeiten** ➔ **Kopieren** oder das Symbol ).
Der Absatz befindet sich jetzt in der Zwischenablage.

Cursor an der Einfügestelle positionieren ➔ Menü **Bearbeiten** ➔ **Einfügen** oder das Symbol  anklicken.

Oder: Absatz markieren ➔ Maus erneut auf den markierten Absatz stellen (Mauszeiger ⇖) ➔ STRG-Taste und linke Maustaste gedrückt halten und den Mauszeiger an die neue Position bringen. Maustaste und STRG-Taste loslassen.

Bildschirmanzeige (Lösung):

```
Beim Textverarbeitungsprogramm Winword werden sämtliche Textteile,
z. B. Wörter, Satzteile, Sätze oder Absätze, markiert, bevor man
sie bearbeiten kann. Die markierten Stellen kannst du kopieren,
ausschneiden, einfügen und löschen. Schau dir nun die Aufgaben an.

Beim Textverarbeitungsprogramm Winword werden sämtliche Textteile,
z. B. Wörter, Satzteile, Sätze oder Absätze, markiert, bevor man
sie bearbeiten kann. Die markierten Stellen kannst du kopieren,
ausschneiden, einfügen und löschen. Schau dir nun die Aufgaben an.
```

Verschieben von Textteilen

Aufgabe 2: Verschiebe im 2. Text den Textteil z. B. Wörter, Satzteile, Sätze oder Absätze, hinter markierten Stellen.

Arbeitsablauf:

Textteil markieren ➔ Text ausschneiden
(Menü **Bearbeiten** ➔ **Ausschneiden** oder Symbol )

Cursor an der Einfügestelle positionieren ➔
Menü **Bearbeiten** ➔ **Einfügen** oder Symbol  anklicken.

Oder: Absatz markieren ➔ Maus erneut auf den markierten Absatz stellen (Mauszeiger ⇖) linke Maustaste gedrückt halten und den Mauszeiger an die neue Position bringen. Maustaste loslassen.

Bildschirmanzeige (Lösung):

```
Beim Textverarbeitungsprogramm Winword werden sämtliche Textteile,
z. B. Wörter, Satzteile, Sätze oder Absätze, markiert, bevor man
sie bearbeiten kann. Die markierten Stellen kannst du kopieren,
ausschneiden, einfügen und löschen. Schau dir nun die Aufgaben an.

Beim Textverarbeitungsprogramm Winword werden sämtliche Textteile,
markiert, bevor man sie bearbeiten kann. Die markierten Stellen,
z. B. Wörter, Satzteile, Sätze oder Absätze, kannst du kopieren,
ausschneiden, einfügen und löschen. Schau dir nun die Aufgaben an.
```

Löschen von Textteilen

Aufgabe 3:

a) Lösche im 1. Text den Textteil: z. B. Wörter, Satzteile, Sätze oder Absätze,.

b) Lösche anschließend den gesamten 2. Text.

Arbeitsablauf: Textteil markieren ➔ ENTF

Bildschirmanzeige (Lösung):

```
Beim Textverarbeitungsprogramm Winword werden sämtliche Textteile
markiert, bevor man sie bearbeiten kann. Die markierten Stellen
kannst du kopieren, ausschneiden, einfügen und löschen. Schau dir
nun die Aufgaben an.
```

Kopieren, Ausschneiden, Einfügen und Löschen kannst du häufig anwenden.

712728

4, Dollar; 9, Nachklammer

19

Zuerst: Wiederholen

Zeile 1 frfvf jujmj dedcd kik,k swsxs lol.l ftfgf jzjhj fbfbf jnjnj dedcd
2 Dorf Chip Dank Chor Dame Clip Korb Idee Kost Inder Ideen Computer

Der D-Finger tastet zwischen E und R hindurch zur 4; Dollarzeichen mit Umschaltung.

Der K-Finger tastet zwischen I und O hindurch zur 9; Nachklammer mit Umschaltung.

Vor und nach dem Dollarzeichen steht ein Leerzeichen.

Schreibe die Kurzzeile zweimal; das ergibt eine Langzeile.

Tastweg: 4 und Dollar

3 ded d4d d4d d4d d4a d4s d4f d4d
4 4 km, 4 cm, 4 mm, 4 kg, 4 Dosen
5 44 km, 44 cm, 44 mm, 4 kg, 4 t,

6 im 4. Stock, 4. Fall, 4,44 EUR,
7 4. April, 4. Mai, 4. September,
8 Burgweg 44, Berliner Straße 44,

9 ded d4d d$d d$d d$d d$a d$s d$f
10 für 4 $, für 4,44 $, genau 4 $,
11 Das Sporthemd hat 4 $ gekostet.

Tastweg: 9 und Nachklammer

12 kik k9k k9k k9k k9ö k9l k9j k9k
13 9 km, 9 cm, 9 mm, 9 g, 9 Nüsse,
14 99 km, 99 cm, 99 mm, 9 kg, 9 t,

15 im 9. Stock, 9. Juli, 9,99 EUR,
16 9. April, 9. Mai, 9. September,
17 Burgweg 49, Berliner Straße 94,

18 kik k9k k)k k)k k)k k)ö k)l k)j
19 a) Ulm, b) Kiel, c) Heidelberg,
20 d) Hof, e) Jena, f) Regensburg,

Training

21 Seit 4 Wochen schreibe ich Bewerbungen. Ich habe bereits 9 Briefe
22 an Firmen am hiesigen Ort und in der Umgebung geschrieben. Soeben
23 erhielt ich eine Einladung zum Vorstellungsgespräch nach Limburg.

24 Ich bin mit 4 anderen Bewerbern in der engeren Wahl. Am 4. August
25 sollen wir uns beim Zeitungsverlag Nikolaus Ackermann vorstellen.
26 Ich hoffe, dass ich mich auf dieses Gespräch sehr gut vorbereite.

Sicherheitstest

27 Meine schriftlichen Bewerbungsunterlagen habe ich sehr sorgfältig
28 zusammengestellt: a) Zeugniskopien, b) 4 Bescheinigungen über die
29 besuchten Lehrgänge, c) Lebenslauf, d) Foto. Am 4. August brauche
30 ich Glück und einen guten Tag. Doch warum soll ich mich aufregen?

Merke dir die Regeln, die mit Ziffern und Sonderzeichen zusammenhängen.

20 5, Prozentzeichen; 8, Vorklammer

Zuerst: Wiederholen

Zeile 1 aqaya öpö-ö swsxs lol.l dedcd kik,k frfvf jujmj ftfbf jzjnj aqaya
2 Fach Vase Film Vers Ruhe Teil Jahr Nase Mark Ufer Haus Interessen

Der F-Finger tastet zwischen R und T hindurch zur 5; Prozentzeichen mit Umschaltung.

Der J-Finger tastet zwischen U und I hindurch zur 8; Vorklammer mit Umschaltung.

Vor und nach dem Prozentzeichen steht ein Leerzeichen, außer in 50%ig u. Ä.

Schreibe die Kurzzeile zweimal; das ergibt eine Langzeile.

Tastweg: 5 und Prozentzeichen

3 ded d4d frf f5f f5f f5f f5a f5s
4 d4d f5f f5f f5a f5s f5d f5f f5a
5 55 km, 55 cm, 55 mm, 5 kg, 5 t,

6 5. Stock, 5. Juli, für 545 EUR,
7 5. März, 5. April, 5. November,
8 Parkweg 45, Aachener Straße 54,

9 d4d d$d f5f f%f f%a f%s f%d f%f
10 5 % Rabatt, 4 % Rabatt, zu 5 %,
11 5%ige Erhöhung, 4%iger Verlust,

Tastweg: 8 und Vorklammer

12 kik k9k juj j8j j8j j8j j8ö j8l
13 k9k j8j k9ö j8ö k9l j8l k9k j8k
14 8 Tage, 9 Tage, 89 Tage, 98 km,

15 im 8. Stock, 8. Juli, 8,88 EUR,
16 8. Juni, 9. Juli, 8. September,
17 Torweg 58, Zwickauer Straße 85,

18 k9k k)k j8j j(j j(j j(j j(ö j(l
19 Ulm (Donau), Andernach (Rhein),
20 Halle (Saale), Schwerte (Ruhr),

Training

21 Am 8. und 9. Juni feierten die hiesigen Schulen ihr Sportfest. Es
22 haben alle Schulen teilgenommen. Den Dreikampf der Mädchen gewann
23 Jutta Bauer (Hauptschule), gefolgt von Anna Berghoff und Eva Groß
24 (beide Realschule). Einzelsieger im Weitsprung wurden Ulrike Bach
25 (Gymnasium), Heike Neumann und Carmen Müller (beide Hauptschule).

Sicherheitstest

26 Die Jury hat die besten Arbeiten des Foto- und Filmwettbewerbs im
27 Stadthaus ausgestellt. Diese Ausstellung ist noch bis 5. November
28 geöffnet. Unsere Klasse stellt wieder einige Sieger: Peter Wagner
29 (Sportbilder), Eva Stein (Kinder), Karin Schneider (Landschaften)
30 und Gerald Fischer (Tiere). Die Beteiligung war um 5 % größer als
31 im vorigen Jahr. Die Videofilme werden am 8. November vorgeführt.

Merke:
Der Text wird von den Klammern ohne Leerzeichen eingeschlossen.

712732

Formatieren von Texten

Formatieren

Aufgabe 1:

a) Erfasse die Zeilen 1 bis 5.
b) Speichere und drucke diesen Text.
c) Vergleiche mit der Abbildung 1 dieser Seite und löse dann die Aufgabe 2.

```
Wie dein Text aussieht - das kannst du durch die Schriftgröße und
durch den Zeilenabstand optisch beeinflussen. Du kannst deinen
Text also formatieren. Winword erleichtert dir das Formatieren.
Es geht ganz einfach, wenn du die richtigen Symbole in der
Formatierungsleiste anklickst oder das entsprechende Menü wählst.
```

Aufgabe 2: Wende in dem nach Aufgabe 1 gespeicherten Text die nachträgliche Worttrennung an. Beim Formatieren berücksichtige bitte die Angaben über den Abbildungen 2 bis 4. Drucke die Texte und vergleiche mit den Abbildungen.

Arbeitsablauf für die Veränderung der Schriftgröße:

Text markieren ➔ Fenster für Schriftgröße in der Formatierungsleiste aufklappen ➔ gewünschte Schriftgröße anklicken.
Oder: Menü **Format** ➔ **Zeichen** ➔ Schriftgröße ➔ OK

Arbeitsablauf für die Veränderung des Zeilenabstandes:

Menü **Format** ➔ **Absatz** ➔ gewünschten Zeilenabstand wählen ➔ OK
Oder: Symbol für Zeilenabstand in der Formatierungsleiste anklicken.

Abbildung 1 Schriftgröße 12, Zeilenabstand 1,5

```
Wie dein Text aussieht - das kannst du durch die Schriftgröße und

durch den Zeilenabstand optisch beeinflussen. Du kannst deinen

Text also formatieren. Winword erleichtert dir das Formatieren

Es geht ganz einfach, wenn du die richtigen Symbole in der

Formatierungsleiste anklickst oder das entsprechende Menü wählst.
```

Abbildung 2 Schriftgröße 10, Zeilenabstand 1

```
Wie dein Text aussieht - das kannst du durch die Schriftgröße und durch den Zeilen-
abstand optisch beeinflussen. Du kannst deinen Text also formatieren. Winword er-
leichtert dir das Formatieren Es geht ganz einfach, wenn du die richtigen Symbole
in der Formatierungsleiste anklickst oder das entsprechende Menü wählst.
```

Abbildung 3 Schriftgröße 10, Zeilenabstand 2

```
Wie dein Text aussieht - das kannst du durch die Schriftgröße und durch den Zeilen-

abstand optisch beeinflussen. Du kannst deinen Text also formatieren. Winword er-

leichtert dir das Formatieren Es geht ganz einfach, wenn du die richtigen Symbole

in der Formatierungsleiste anklickst oder das entsprechende Menü wählst.
```

Abbildung 4 Schriftgröße 8, Zeilenabstand 1

```
Wie dein Text aussieht - das kannst du durch die Schriftgröße und durch den Zeilenabstand optisch
beeinflussen. Du kannst deinen Text also formatieren. Winword erleichtert dir das Formatieren Es
geht ganz einfach, wenn du die richtigen Symbole in der Formatierungsleiste anklickst oder das
entsprechende Menü wählst.
```

Gib deinen Texten durch das Formatieren ein schöneres Outfit.

6, Zeichen für „und"; 7, Schrägstrich

Zuerst: Wiederholen

Zeile 1 frftfgfvfbf jujzjhjmjnj dedcd kik,k swsxs lol.l aqaya öpö-ö frftf
2 Teil Geld Volk Buch Ziel Heim Meer Note Tank Gift Zahl Heimwerker

Der F-Finger tastet zwischen T und Z hindurch zur 6; Zeichen für „und" mit Umschaltung.

Der J-Finger tastet zwischen U und Z hindurch zur 7; Schrägstrich mit Umschaltung.

Schreibe die Kurzzeile zweimal; das ergibt eine Langzeile.

Tastweg: 6 und das Zeichen für „und"

3 frf f5f ftf f6f f6f f6f f6a f6s
4 f5f f6f f6a f6s f6d f6f f5f f6f
5 66 km, 56 cm, 65 mm, 6 kg, 6 t,

6 6. Platz, 5. Juli, für 656 EUR,
7 6. März, 6. April, 6. November,
8 Postweg 65, Weimarer Straße 56,

9 f5f f%f f6f f&f f&f f&f f&a f&d
10 Groß & Bell, Klein & Schneider,
11 Kennst du Autohaus Berg & Lang?

Tastweg: 7 und Schrägstrich

12 juj jzj juj j7j j7j j7j j7ö j7k
13 j8j j7j j8j j7j j8ö j7ö j8ö j7ö
14 7 Tage, 8 Tage, 78 Tage, 87 km,

15 7. Platz, 8. Juli, für 787 EUR,
16 7. März, 7. April, 7. November,
17 Grüngasse 78, Kölner Straße 87,

18 j8j j7j j/j j/j j/j j/ö j/l j/k
19 Typ 7/78, Typ 8/778, Typ 9/564,
20 4 5/6 % Verlust, 8 9/7 m Stoff,

Training

21 Der Schuljahrgang 97/98 trifft sich am 7. September in Offenburg.
22 Das Tagungslokal findest du in der Werner-von-Siemens-Straße 7/9.
23 Eingeladen sind alle ehemaligen Schüler. Bitte melde dich so bald
24 wie möglich an. Anmeldungen nehmen entgegen: Wolfgang Zimmermann,
25 Burgstraße 76 und Linda Schiffbauer, Albert-Schweitzer-Straße 67.

Sicherheitstest

26 In der City gibt es viele große Einzelhandelsgeschäfte, aber auch
27 bedeutende Firmen. Auf meinem Schulweg lese ich gern die Schilder
28 und Transparente: Sporthaus Reck & Weber, Juwelier Reich & Haber,
29 Computercorner Schnell & Stein. Das große Gebäude des Warenhauses
30 Müller & Schäfer hat 7 Stockwerke. Im 6. Stock ist eine Cafeteria
31 untergebracht. Dort treffe ich manchmal auch meinen Freund Peter.

Merke: Das Zeichen für „und" sollte nur in Firmennamen verwendet werden.

3, Paragrafzeichen; 0, Gleichheitszeichen 22

Zuerst: Wiederholen

Zeile 1 aqaya öpö-ö öäöüö öäößö swsxs lol.l dedcd kik,k d4df5 k9kj8 d4df5
2 4. und 5. Juni, 6. und 7. Juli, 8. und 9. August, am 4. November,

Der S-Finger tastet zwischen W und E hindurch zur 3; Paragrafzeichen mit Umschaltung.

Der L-Finger tastet zwischen O und P hindurch zur 0; Gleichheitszeichen mit Umschaltung.

Vor und nach dem Gleichheitszeichen steht ein Leerzeichen.

Schreibe die Kurzzeile zweimal; das ergibt eine Langzeile.

Tastweg: 3 und Paragrafzeichen

3 f6f f5f d4d s3s s3s s3s s3f s3a
4 d4d s3s s3s s3s s3f s3d s3a s3s
5 33 km, 34 cm, 43 mm, 3 kg, 3 t,

6 3. April, 4. Juni, für 3,55 EUR
7 3 Bücher, 43 Bücher, 33 Bücher,
8 Talweg 3, Talweg 34, Talweg 43,

9 s3s s§s s§s s§s s§f s§d s§a s§s
10 in § 3, in § 4, die §§ 5 und 6,
11 Der § 6 wurde gestern geändert.

Tastweg: 0 (Null) und = (Gleichheitszeichen)

12 j7j j8j k9k l0l l0l l0l l0j l0k
13 k9k l0l l0l l0l l0j l0k l0ö l0l
14 30 Tage, 40 Tage, in 30 Jahren,

15 300 km, 400 km, 500 km, 600 km,
16 am 30. Mai, 30. Juni, 30. Juli,
17 Burgweg 30, Passauer Straße 40,

18 l0l l=l l=l l=l l=j l=k l=ö l=l
19 UL = Ulm, K = Köln, MZ = Mainz,
20 A = Österreich, F = Frankreich,

Training

21 Am 30. September ereignete sich an der Ecke Kölner und Burgstraße
22 ein Verkehrsunfall. Beteiligt waren der Pkw HO-SY 309 (HO = Hof),
23 der Lkw K-NO 343 (K = Köln) und der Pkw KO-EL 498 (KO = Koblenz).
24 Der von links aus der Burgstraße kommende Pkw HO-SY 309 hatte die
25 Vorfahrt nicht beachtet. Zum Glück gab es jedoch nur Sachschaden.

Sicherheitstest

26 Selbstverständlich hat auch unser Sportverein eine Satzung. Darin
27 wird vieles geregelt. § 3 nennt die Zahl der Vorstandsmitglieder,
28 die §§ 4, 5 und 6 führen alle Aufgaben des Vereinsvorstandes auf.
29 Die Jugendarbeit wird in den §§ 7, 8 und 9 ausführlich erläutert.
30 Unsere Satzung kann nur mit Zustimmung der Jahreshauptversammlung
31 geändert werden. Die nächste Vereinsversammlung ist am 30. April.

Merke: Vor und nach dem Zeichen für Paragraf steht ein Leerzeichen.

2, Anführungszeichen ; 1, Ausrufezeichen

Zuerst: **Wiederholen**

f5a j8ö f6a j7ö d4a k9ö s3f l0ö f5a j8ö f6a j7ö d4a k9ö s3f l0jf5
30 Tage, 40 Wochen, 5 Jahre, 60 Seiten, 70 Stück, 80 Anmeldungen,

Der A-Finger tastet zwischen Q und W hindurch zur 2; Anführungszeichen mit Umschaltung.

Der A-Finger spreizt links hoch zur 1; Ausrufezeichen mit Umschaltung.

Schreibe die Kurzzeile zweimal; das ergibt eine Langzeile.

Die Anführungszeichen werden ohne Leerzeichen vor und nach den Textteilen, die von ihnen eingeschlossen sind, geschrieben.

Tastweg: 2 und Anführungszeichen

f5f d4d s3s a2a a2a a2a a2f a2d
s3s a2a a2f a2d s3s d4d f5f a2a
22 km, 23 cm, 32 mm, 2 kg, 2 t,

2. April, 3. Juni, für 2,00 EUR
2 Stufen, 23 Stufen, 25 Stufen,
Domweg 2, Domweg 22, Domweg 23,

a2a a"a a"a a"a a"f a"d a"s a"a
Hotel „Europa", Hotel „London“,
Sie sagte: „Ich bin sehr froh.“

Tastweg: 1 und Ausrufezeichen

f5f d4d s3s a2a a1a a1a a1f a1d
1 Arm, 2 Arme, 1 Auto, 2 Autos,
10 Tage, 11 Tage, in 12 Jahren,

100 km, 120 km, 130 km, 210 km,
am 11. Mai, 12. Juni, 21. Juli,
Postweg 10, Bochumer Straße 12,

a2a a1a a!a a!a a!a a!f a!d a!s
Ach! Klar! Pfui! Ruhe! Achtung!
Liebe Eva! Lieber Freund Erich!

Training

In den Ferien waren wir in Koblenz. Am „Deutschen Eck“ mündet die
Mosel in den Rhein. Auf beiden Flüssen fuhren zahlreiche Schiffe.
Zuerst kam das Passagierschiff „Stolzenfels". Es war gut besetzt.
Die meisten Frachtschiffe waren Tanker. Wir sahen die „Mannheim“,
die „Maria Burg“ und das niederländische Schubschiff „Rotterdam“.

Sicherheitstest

"Seit wann fahren Sie auf dem Rhein?“ Der Kapitän überlegte nicht
lange: „Schon seit 25 Jahren.“ Das Fernsehinterview interessierte
mich. „Da hat sich auch auf dem Wasser viel verändert“, sagte der
Moderator. „Fast alles!“ Der Kapitän zeigte aufs Wasser: „Überall
mehr Schiffe, die fahren Tag und Nacht, sogar sonntags und an den
Feiertagen.“ Ich hatte nicht gewusst, dass die Arbeit schwer war.

Beachte die Stellung der Anführungszeichen, wenn sie mit anderen Satzzeichen zusammentreffen.

712736

Geschütztes Leerzeichen

Zum Einschreiben

Wenn du einen Text geändert hast, solltest du ihn noch einmal formatieren. Ändern kannst du einen Text, indem du korrigierst, erweiterst oder verkürzt. Es ist klar, dass einige Textstellen dann anders aufgeführt sind, als du dies geplant hattest. Es ist möglich, dass Begriffe, die zusammengehören, nun getrennt werden. Wie gefällt dir dieses Beispiel?: Er wohnt in der Mainzer Straße
25. Diese unschöne Schreibweise solltest du unbedingt vermeiden.

Geschütztes Leerzeichen

1. Erfasse den folgenden Text.

Michael Schönfelder wohnt in 56068 Koblenz, Mainzer Straße 25.

2. Füge hinter wohnt die Wörter seit Mai ein. Dadurch entsteht beim Zeilenumbruch die Trennung der zusammengehörigen Angabe Mainzer Straße 25.

Michael Schönfelder wohnt seit Mai in 56068 Koblenz, Mainzer Straße
25.

Die zusammengehörige Angabe Mainzer Straße 25 muss mit einem geschützten Leerzeichen eingegeben werden.

Arbeitsablauf für das Einfügen eines geschützten Leerzeichens:

a) nachträgliche Ausführung:
Cursor hinter Straße positionieren ➔ STRG + SHIFT + Leertaste.
Lösche das alte Leerzeichen.

b) gleichzeitige Ausführung:
Erfassen: Straße ➔ STRG + SHIFT + Leertaste ➔ Erfassen: 25

Das geschützte Leerzeichen leitet den vorzeitigen Zeilenumbruch ein. Der zusammengehörige Begriff kommt komplett in die nächste Zeile.

Hinweis: Wenn du auf dem Bildschirm das geschützte Leerzeichen sehen willst, klicke im Menü **Extras ➔ Optionen ➔ Ansicht** auf Leerzeichen (oder wähle das Kontrollkästchen **Alle**).

Michael Schönfelder wohnt seit Mai in 56068 Koblenz, Mainzer
Straße 25.

Erfassen von Zusammengehörendem mit geschützten Leerzeichen

Währungs-, Gewichts- und Maßangaben: 20,50 EUR, 8.901,00 EUR; 2 g, 6 500 g, 0,2 kg, 8 280 kg, 24,5 t; 2 500 m, 6 700 km, 80 200 km.
Kalenderdaten: 25. Jan. ....[1], 12. Sept. ....[1], 28. Febr. ....[1]
Straße und Hausnummer: Sebastian-Kneipp-Straße 2, Rheinstraße 3 b

Anwendung des geschützten Leerzeichens

Aufgaben: Erfasse den folgenden Text:
a) ohne geschützte Leerzeichen,
b) mit geschützten Leerzeichen

Sonderangebot: PC 3 000, Festplatte 80 GB, 1 Diskettenlaufwerk, 1 DVD-Laufwerk, Tastatur, TFT-Monitor, leistungsfähiger Laserdrucker, Maus, zum günstigen Komplettpreis von nur 998,00 EUR.

1 Schreibe statt der vier Punkte die aktuelle Jahreszahl.

An das geschützte Leerzeichen solltest du schon beim Erfassen denken.

Fehlerberichtigung

Zum Einschreiben

Zeile 1 Du schreibst deine Texte mit einem Winword-Programm. Dadurch ist
2 das Fehlerproblem sehr klein geworden. Du hast dich schon mit den
3 Korrekturmöglichkeiten befasst und kennst die Sofortkorrektur.
4 Bei der Autorenkorrektur druckst du zunächst den unkorrigierten
5 Text aus. Diesen Text berichtigst du handschriftlich mit den
6 Korrekturzeichen. Bitte löse jetzt die Aufgaben. Viel Erfolg!

Aufgabe 1: a) Erfasse die Beispiele der Zeilen 7 bis 14, korrigiere während der Texterfassung.
b) Speichere und drucke den Text in der korrigierten Fassung.

Aufgabe 2: a) Erfasse die Beispiele der Zeilen 7 bis 14 in der unkorrigierten Fassung.
b) Speichere und drucke den Text.
c) Zeichne die Korrekturzeichen ein, die in den Beispielen aufgeführt sind.
d) Öffne die Datei und korrigiere deinen Text.
e) Speichere und drucke den Text in der korrigierten Fassung.

Regel: Falsche Wörter werden mit einem großen ├─┤ durchgestrichen und auf dem Rand durch die richtigen ersetzt.

Beispiel:

7 Die ~~Größe~~ des ├┤-Querbalkens richtet sich natürlich — ├─┤ Länge
8 nach der Länge des ~~betreffenden~~ Wortes. Kannst du — ├─┤ jeweiligen
9 wirklich schon ~~sämtliche~~ Korrekturen ausführen? — ├─┤ alle

Regel: Fehlende Wörter werden in der Lücke durch Winkelzeichen ⌈ kenntlich gemacht und auf dem Rand angegeben.

Beispiel:

10 Die Zeichen ⌈ eigentlich für sich. Deshalb wirst — ⌈ sprechen
11 du die Korrekturzeichen schon ⌈ beherrschen. — ⌈ bald

Regel: Verstellte Wörter werden durch das Umstellungszeichen ⊓⊔ gekennzeichnet. Bei größeren Umstellungen werden die Wörter beziffert.

Beispiel:

12 Bei Umstellungen kleinen nur Umstellungszeichen. — ⊓⊔
13 Anfang aller schwer ist. Dieses Sprichwort — |A 1-4
14 selbstverständlich auch gilt für Korrekturen. — 1-5

Sicherheitstest

Verfahre mit den Zeilen 15 bis 19 so, wie es in Aufgabe 2 beschrieben ist.

15 Wir überprüfen, ob wir ~~tim~~ den Korrekturzeichen — ├─┤ mit
16 sind vertraut. Deshalb erschinen in dieser — ⊓⊔ |he
17 Auufgabe alle bisher erarbeitete Zeichen. Erst — |ß Len ⌉n
18 schreiben wir ursprüngliche Fassung. ~~Danach~~ — ⌈ die ├─┤ Erst
19 ~~erst~~ führen wir aus Korrekturen alle. — ├─┤ dann 1-3

Wir wünschen dir viel Erfolg beim Korrigieren.

712738

Zuerst: Wiederholen

Zeile 1 10 Autos, 20 Autos, 30 Autos, 40 Waggons, 50 Waggons, 60 Waggons,
2 70 Autos, 80 Autos, 90 Autos, 49 Waggons, 58 Waggons, 67 Waggons,

Der Ö-Finger tastet rechts an Ä vorbei zum Pluszeichen (auch Zeichen für „gestorben“); Zeichen für „geboren“ mit Umschaltung.

Der Ö-Finger tastet zwischen Ü und + hindurch zur Akzenttaste.

Der Ö-Finger spreizt über Ä = #; Apostroph mit Umschaltung.

Schreibe die Kurzzeile zweimal; das ergibt eine Langzeile.

Bei Winword findest du â, ê, î, ô, û unter „Symbol“ im Menü Einfügen.

Neue Tastwege

3 öpö öüö ö+ö ö+ö ö+ö ö+j ö+k ö+l
4 1 + 20 + 30 + 40 + 1000 = 1091,
5 öpö öüö ö+ö ö*ö ö*ö ö*j ö*k ö*l
6 P. Lax, * 3. Mai 1989 in Gotha,
7 E. Rex, + 9. Mai 1996 in Hanau,

8 Leo; Léon, Léon, Léon und René,
9 Adele; Adèle, Adèle, für Agnès,
10 Benno; Benoît, Benoît aus Côme,

11 öäö ö#ö ö#ö ö#ö ö#j ö#k ö#l ö#j
12 # 10, # 20, # 30, # 400, # 500,
13 Artikel # 900 ist preisgünstig.

14 jäö ö#ö ö'ö ö'ö ö'ö ö'j ö'k ö'l
15 ‘s ist nicht weit, so’n Erfolg.
16 Schütz' Computer sind sehr gut.

Kalenderdaten

17 Wird der Monatsname in Buchstaben geschrieben, so nennt man diese
18 Schreibweise „alphanumerisch“: 5. August ....[1] oder 15. Aug. .....[1]
19 Besteht das Kalenderdatum nur aus Zahlen, so ist das „numerisch“.
20 Achtet auf die Reihenfolge, das „Ausnullen“ und die Mittestriche:
21 ....[1]-08-05 oder ..[1]-08-05. Das Zeugnis trägt das Datum ...[1]-02-15.

Training

22 Falls keine Missverständnisse entstehen, darf auch in aufsteigen-
23 der Reihenfolge geschrieben werden. Dann muss mit Punkten geglie-
24 dert werden: Auch Paul Weingart hat das Datum 05.09.20..[1] notiert.
25 Bitte schreibe das folgende Datum nun alphanumerisch: 20.[1]-07-03.

Sicherheitstest

26 Im Wormser Zeltlager waren wir mit Franzosen zusammen. Eingeladen
27 hatte das deutsch-französische Jugendwerk. Schnell hatten wir uns
28 mit den Schülerinnen aus Frankreich angefreundet. Béatrice sprach
29 ein wenig Deutsch und spielte für uns die Dolmetscherin. Nach ein
30 paar Tagen klappte die Verständigung mit Eugènie, Valérie, Milène
31 und Thérèse schon sehr gut. Das Wormser Zeltlager war ganz prima.

1 Schreibe statt der Punkte die aktuelle Jahreszahl.

Zuerst die Akzenttaste, dann erst den Buchstaben schreiben.

Sicherheitstests – Korrigieren[1] (Zeilenabstand 1,5)

Erfasse den Text zunächst in unkorrigierter Fassung. Korrigiere anschließend.

Text	Korrektur
Das Betriebspraktikum hat ~~Dagmar~~ sehr gut	Ingrid
gefallen. Während der Sommerferien hat sie	
~~zwei~~ Wochen im Büro eines Ulmer Autohauses	drei
gearbeitet. ~~Dagmar~~ durfte ~~da~~ schon vieles	Ingrid; dort
selbst erledigen, sogar am Bildschirm.	tständig
Dieter hat ein Betriebspraktikum in ~~seiner~~	Bremen
~~Heimatstadt~~ gemacht, und zwar in einer	
großen Druckerei. Er wurde Herrn Bau~~mbach~~	m
zugeteilt. Herr Baum leitet den Versand.	
Da gab es viel Interessantes zu lernen.	sehr
~~Er~~ möchte gern dort ausgebildet werden.	Dieter
Ihre Anzeige in der "~~Ham~~burger Zeitung"	Lim
hat mich angesprochen. Ich bewerbe mich	
bei Ihnen. Mit diesem Brief ~~sende ich~~	erhalten Sie
die gewünschten Bewerbungsunterlagen. Wie	
aus dem Lebenslauf hervorgeht, bin ich	
zur Zeit Schüler der ~~Kölner~~ Hauptschule.	rz; rin; Limburger
Ihre ~~Firma~~ genießt hohes Ansehen, vor	ß; Unternehmen
allem als Ausbildungsbetrieb. Ich möchte	
~~Kaufmann für Bürokommunikation~~ werden.	Verlagskaufmann
Können Sie mich ~~darum~~ als Auszubildende	ß
einstellen? Mit dieser Kurzbewerbung	
~~sende ich Ihnen~~ meinen Lebenslauf. Welche	erhalten Sie
Unterlagen darf ich Ihnen noch senden?	

1 Korrekturzeichen: 2. Umschlagseite

Den Namen „Tastschreiber" verdient nur, wer auch Ziffern und Sonderzeichen „blind" schreibt.

712740

Suchen und Ersetzen von Wörtern

Arbeitsweise

Bei Winword kannst du Wörter, die du ersetzen willst, über eine Suchfunktion ansteuern und durch andere Wörter ersetzen.

Aufgabe 1: Erfasse den folgenden Text (natürlich ohne Zeilenschaltung) und ersetze dann folgende Wörter.

Zu suchender Text: Fröhlich

Ersetzen durch: Schneider

Arbeitsablauf für das Suchen und Ersetzen von Wörtern:

Menü **Bearbeiten ➔ Ersetzen ➔** Suchen nach: (Fröhlich eingeben) ➔ Ersetzen durch: (Schneider eingeben) ➔ alle ersetzen ➔ OK ➔ schließen

Frau Fröhlich leitet die Personalabteilung einer Druckerei. Tag für Tag kommen schriftliche Bewerbungen an. Frau Fröhlich und ihre Mitarbeiterin haben alle Hände voll zu tun, um die Spreu vom Weizen zu trennen. Viele Briefe scheiden durch ihr unschönes Aussehen schon in der ersten Runde aus. Die anderen Bewerbungen sieht sich Frau Fröhlich ganz genau an. Die besten Bewerberinnen und Bewerber lädt Frau Fröhlich zum Vorstellungsgespräch ein.

Aufgabe 2: Erfasse den folgenden Text und ersetze die Wörter.

Zu suchender Text:	Ersetzen durch:
a) Stelle	Ausbildungsstelle
b) wichtig	entscheidend

Wir wollen wissen, wann man sich um eine Stelle bewerben soll. Diese Frage erscheint uns wichtig. Sich rechtzeitig um eine Stelle zu bewerben, das ist oft wichtig. Als Faustregel gilt: ein gutes Jahr vor Antritt der Stelle bzw. vor dem Schulabschluss. Wonach werden die schriftlichen Unterlagen beurteilt? Wichtig ist, dass die Unterlagen vollständig und übersichtlich sind. Zur Bewerbung gehören Bewerbungsbrief, Lebenslauf, Foto und Zeugnis.

Aufgabe 3: Erfasse den folgenden Text und ersetze die Wörter.

Zu suchender Text	Ersetzen durch
Computer	Drucker
Fabrik	Produktion
typische	charakteristische

Jeder Mensch schreibt seine eigene Handschrift. So sind auch die Schriften der Computer sehr verschieden. Schon in der Fabrik hat jeder Computer einige typische Schriftmerkmale mitbekommen. Durch die Abnutzung kommen weitere Merkmale hinzu. Kriminalisten können also erkennen, auf welcher Schreibmaschine oder auf welchem Computer ein Brief geschrieben wurde. Raffinierte Apparate vergrößern die Schrift und zeigen deutlich sämtliche Merkmale.

Trainiere das Suchen und Ersetzen von Wörtern besonders gründlich.

25 Neue Regeln (1)

Zuerst: Einschreiben

Mit den Ziffern und Sonderzeichen hast du schon ein paar wichtige Regeln gelernt. Diese Seite ergänzt dein Wissen. Arbeite gut mit! Kannst du die neuen Regeln an den Beispielen erkennen? Viel Spaß!

Uhrzeiten – „bis" – „gegen"

Martin Langer ist mit seinen „Ford" genau um 07:08 Uhr gestartet. Eigentlich wollte Martin erst gegen 8 Uhr nach Maastricht fahren. Als er ankam, zeigte die neue Atomuhr in Maastricht 14:07:15 Uhr.

Programm für das Sportfest: 08:00 Uhr Begrüßung; 08:15 Uhr Beginn der Wettkämpfe; gegen 12 Uhr Siegerehrung (mit Ausgabe der Urkunden). - Kampfrichter: 07:30 - 07:50 Uhr Einweisung (Herr Berger). Unser Training findet von 17:30 bis 19:00 Uhr in Frankfurt statt.

Ich hoffe, dass das Spiel Deutschland - Österreich spannend wird. Das Spiel der U 21 konnten die Deutschen mit 3 : 2 noch gewinnen. Die Klage Breitbach ./. Reifenberg wird am Donnerstag verhandelt.

Zahlengliederung und „Besondere Zahlengliederungen"

Das kleine Dorf in der Eifel hatte am 31. März nur 900 Einwohner. Die Kreisstadt ist aber von 9 000 auf 10 000 Einwohner gewachsen. Eine westdeutsche Großstadt zählte im Dezember 600 000 Einwohner. Auf Dirks Sparbuch ist ein Guthaben von 2.000,00 EUR eingetragen. Seine Tante Gisela in Hamburg hat inzwischen 80.000 EUR Vermögen.

Telefonnummer: Bitte rufe Gisela Schneider in Ulm an: 0731 53080. Ihren Bruder Uwe wirst du im Werk direkt unter 7704-31 erreichen. Die Telefonzentrale des Walzwerkes meldet sich unter 0731 7704-0.

Telefaxnummer: Faxe deine Nachricht heute noch an Fax 0221 81231. Telexnummer: Die Straßenbau-AG hat den Anschluss Tx 537941 str d. Die neue E-Mail-Adresse soll christa.schaefer@t-online.de lauten.

Postfachnummer: Schicke deine Lösung sofort an Postfach 18 30 91. Postleitzahl: Der Brief lief von 15230 Frankfurt nach 07545 Gera. Bankleitzahl: Überweise bitte auf Konto 304050607 BLZ 622 515 50.

Rechenzeichen

Additionszeichen: 10 + 20 = 30; Subtraktionszeichen: 20 - 5 = 15. Multiplikationszeichen: 2 . 30 = 60; Tischplatte: 1,80 x 0,85 cm. Divisionszeichen: 50 : 10 = 5; Verhältniszeichen: Maßstab 1 : 50. Promillezeichen: Dr. Brinkmann stellte 0,9 o/oo Blutalkohol fest.

Zusammenfassung: **Der vielseitige Mittestrich**

Ergänzungsstrich: An- und Abfahrt, Ein- und Ausgang, viele Haupt- und Nebenwege, Ab- und Umbestellungen, Paketannahme und -ausgabe. Bindestrich: Baden-Baden, Köln-Ehrenfeld, Friedrich-Ebert-Straße. Streckenangabe: Autobahn Neuss - Wuppertal - Dortmund - Hannover. Gedankenstrich: Ich bin - das darf ich sagen - immer dazu bereit.

Der Tabulator

Zum Einschreiben

Bei den Winword-Programmen ist in einem Abstand von je 1,25 cm ein fester Tabulatorstopp vorgesehen, den du mit der Tabuliertaste erreichen kannst. Diese Tabulatorstopps zu ändern, das ist ganz einfach. Bitte schau dir die folgenden Arbeitsschritte genau an.

Aufgabe 1: Ändere die Standard-Tabstopps: Menü **Format** ➔ **Tabstopp** ➔ bei Standard-Tabstopps 3,5 cm eingeben ➔ OK
Erfasse den Stundenplan. Steuere die einzelnen Spalten mit der Tabuliertaste an.

Montag	**Dienstag**	**Mittwoch**	**Donnerstag**	**Freitag**
Englisch	Mathematik	Deutsch	Französisch	Textv.
Deutsch	Biologie	Erdkunde	Englisch	Textv.
Sport	Englisch	Französisch	Chemie	Deutsch
Sport	Physik	Mathematik	Religion	Englisch
Religion	Chemie	Musik	Kunst	Physik

Aufgabe 2: Setze die Tabulatorstopps bei den angegebenen Spalten.

Arbeitsablauf

Menü **Format** ➔ **Tabstopp** ➔ bei Tabstopp-Position in cm die Position eingeben ➔ bei Ausrichtung **links** eingeben ➔ festlegen ➔ OK

Hinweis: Wenn du die Tabstopp-Position nicht millimetergenau bestimmen musst, klicke im Zeilenlineal den linksbündigen Tabulator an.
Klicke dann auf die gewünschte Tabstopp-Position – z. B. auf 4,0 cm.

	4 cm	7 cm	11,5 cm
Name	**Vorname**	**Geburtsdatum**[1]	**Wohnort**
Albers	Michael	....[2]-08-12	99310 Arnstadt
Denkhaus	Thomas	....-02-28	01069 Dresden
Mohringen	Sascha	....-09-12	67346 Speyer
Strackendorf	Christian	....-12-15	18059 Rostock

Aufgabe 3: Erfasse die Angaben der Übersicht. Steuere die entsprechenden Spalten mit der Tabuliertaste an.

Aufgabe 4: Lösche alle Tabulatorstopps.

Arbeitsablauf

Menü **Format** ➔ **Tabstopp** ➔ alle löschen ➔ OK
<u>Oder:</u> Ziehe die Tabulatoren mit der linken Maustaste aus dem Zeilenlineal – nach oben oder nach unten.

1 Du darfst das Geburtsdatum auch in aufsteigender Reihenfolge schreiben. Dann musst du aber mit Punkten gliedern: 12.08. .. usw.

2 Die Teilnehmer sind 15 Jahre alt. Schreibe statt der vier Punkte die entsprechende Jahreszahl.

Nutze für Aufstellungen, Tabellen und Übersichten immer den rationellen Tabulator.

Neue Regeln (2)

Zuerst: Einschreiben

Jetzt lernst du die letzten Schreibregeln. Später kommen nur noch Gestaltungsregeln für Briefe usw. Du hast es also bald geschafft.

Halbe Anführungszeichen – Unterführungszeichen

„Der neue 'Ferari' gefällt mir gut“, meinte mein Freund Reinhold.
„Das Cabrio von 'Mercedes' ist auch sehr schön“, sagte Constanze.

Frau Degenhard hat für das neue Clubhaus folgende Möbel bestellt:

Rechteckiger Tisch „Hannover“,	Höhe	72	-	Breite	170	-	Tiefe	85 cm
" " „Weimar“	"	72		"	170		"	90 "
Holzstuhl mit Stahlrohr # 100	"	85		"	47		"	47 "
" " " # 500	"	85		"	47		"	47 "

Auslassungspunkte

Im Aufsatz hat Ingrid geschrieben: „Die Busfahrt nach Bad Camberg ging über Aachen - Köln ... und hat uns gut gefallen. Leider ...“

Zahlenaufstellungen

Maßgebend ist das letzte Schriftzeichen jeder Zahlengruppe; dabei müssen jedoch die Dezimalzeichen ganz genau untereinander stehen.

Das Autohaus Richter & Schön hat folgende Reparaturen ausgeführt:

Auftrags-Nr.	Fahrzeug	Datum	EUR
5 400/..*	Alfa Romeo	..[1]-03-05	75,50
23 000/..	Mercedes-Benz E 230	..-06-03	1.800,00
W 200 500/..	Opel Astra Caravan	..-09-18	750,30

Bei gemischten Zahlen stehen Einerstellen der ganzen Zahlen sowie die schrägen Bruchstriche untereinander. Unser Beispiel zeigt es:

Die Untersuchung im Labor Dr. Peter Schäfer ergab folgende Werte:

Art. 23 001	Art. 71 004	Art. 81 005	Art. 98 903
5/12	1/14	7/13	9/11
1 11/12	5 11/14	3 11/13	6 11/14
22 1/2	4 3/7	12 11/13	2 3/4

Summen

Als Summenstrich dient der Grundstrich (ohne Zeilenschaltung). Du darfst aber auch den Mittestrich verwenden. Der Mittestrich steht nach einer Zeilenschaltung unter der letzten Zahl. - Falls du den Abschlussstrich schreibst, nimm den Doppelstrich. Er steht jedoch eine ganze Zeile unter dem Ergebnis. Bitte schreibe das Beispiel:

200,00 EUR	300,00 EUR	400,00 EUR	90,00 EUR
<u>500,00 "</u>	<u>1.000,00 "</u>	300,00 "	- 40,00 "
700,00 EUR	1.300,00 EUR	----------	-----------
		700,00 EUR	50,00 EUR
		==========	

1 Schreibe statt der beiden Punkte die beiden letzten Ziffern der aktuellen Jahreszahl.

712744

Hervorhebungen (1)

Zum Einschreiben

Jeder Brief wirkt attraktiv, wenn du einige Stellen wirkungsvoll hervorhebst. Das Winword-Programm bietet dir hierfür zahlreiche Möglichkeiten. Vielleicht kennst du schon einige Schriftarten und -größen, mit denen du gern arbeitest. Hier ein paar Beispiele:

Wechsel der Schriftart und der Schriftgröße

Arbeitsablauf

Öffne in der Formatierungsleiste das Fenster mit den Schriftarten.
Suche die gewünschte Schriftart aus (z. B. Times New Roman).
Öffne dann das Fenster für die Schriftgrößen.
Klicke die gewünschte Schriftgröße an (z. B. 12).

Hinweis: Bei nachträglichen Änderungen musst du den Text vorher markieren.

Aufgabe 1: Erfasse die folgende Übersicht. Arbeite mit den angegebenen Schriftarten und Schriftgrößen.
Drucke den Text und probiere andere Möglichkeiten aus.

Schriftart:	Times New Roman	Schriftgröße: 12	Drucktext
Schriftart:	Courier New	Schriftgröße: 10	Drucktext
Schriftart:	Arial	Schriftgröße: 8	Drucktext

Großbuchstaben

Arbeitsablauf

Menü **Format** ➔ **Zeichen** ➔ Großbuchstaben anklicken ➔ OK

Hinweise: Du schaltest diese Hervorhebung genauso aus, wie du sie eingeschaltet hast.
Bei nachträglicher Hervorhebung mit Großbuchstaben musst du die entsprechende Textstellen vorher markieren.

Aufgabe 2: Erfasse den folgenden Text.

Natürlich kannst du die Hervorhebung durch GROSSBUCHSTABEN auch mit dem Umschaltfeststeller schreiben. So funktioniert das z. B. bei der Schreibmaschine. Bei deinem Winword-Programm gibt es das Verfahren, das wir eben beschrieben haben. Natürlich kannst du auch nachträglich hervorheben. Dann musst du deinen Text aber markieren. Kennst du „Kapitälchen"? Du findest diese Möglichkeit der Hervorhebung ebenfalls im Menü „Format" unter „Zeichen".

Anführungszeichen

Aufgabe 3: Erfasse den folgenden Text.

Hast du dich schon mit deinem neuen Computer „Europa" beschäftigt? Fast allen Freunden hat das Modell „Globus" noch mehr zugesagt. Leider wurde der Computer „MÜNCHEN" von vielen Kunden abgelehnt.

Sicherlich hast du schon die Zeitschrift „Denkmal" gelesen. Du findest darin einen sehr interessanten Artikel über „WINWORD". Gut behandelt wird darin das Thema „Hervorhebungen mit Winword".

Probiere die vielen Schriftarten und -größen in deinem Winword-Programm doch einfach aus.

27 Texte gliedern – Textstellen kennzeichnen

Zuerst: Einschreiben

Mit Absätzen haben wir von Anfang an gearbeitet. Heute lernen wir neue Möglichkeiten kennen, um Texte übersichtlicher zu gestalten.

Aufzählungen

Aufzählungen kannst du auf mehrere Arten übersichtlich gliedern:

1. Ziffern (Ordnungszahlen, also Ziffern mit Punkt)
2. Buchstaben (lateinische Kleinbuchstaben mit Nachklammer)
3. Mittestrich (im Druckereigewerbe auch „Spiegelstrich“ genannt)

Die Gliederung durch Ziffern ist in der Berufspraxis sehr häufig.

Unteraufzählungen

Frau Schön, die Leiterin der Schulbücherei, hat viele neue Bücher angeschafft. Sie hat die neuen Bücher in zwei Gruppen eingeteilt:

1. Abenteuerromane und Reiseberichte aus aller Welt

   a) Deutschland und Skandinavien
   b) andere europäische Länder und Erdteile

2. Sport und Freizeit

   a) Meisterschaften und Olympiaden (Bildbände und Berichte)
   b) seltenere Sportarten (Surfen, Drachenfliegen u. Ä.)
   c) Hobbys und Wandern (Wanderkarten Maßstab 1 : 50)

Mittestrich („Spiegelstrich“)

Wir machen eine Klassenzeitung. Hier eine erste Themenübersicht:

- Mit dem Mountainbike unterwegs
- Wir helfen mit: Recycling
- Die Schach-AG sucht noch Mitspieler
- Unser Mini-Krimi: Ein Plan mit kleinen Fehlern

Macht bitte noch Vorschläge für den Namen unserer Klassenzeitung.

Abschnittsnummern

2.9 Manuskripte für die Klassenzeitung

Am liebsten sind der Redaktion natürlich Manuskripte, die ihr auf euerem Computer (oder auf einer Schreibmaschine) erstellt habt.

2.9.1 Zeilenabstand

Die meisten Manuskripte sind noch nicht druckreif. Die Redaktion verbessert („redigiert“) dann. Das geht aber nur, wenn ihr euere Manuskripte mit dem Zeilenabstand 1,5 oder 2 schreibt. Danke!

Gut merken:
Nach einer Abschnittsnummer stehen zwei Leerzeichen.

712746

Hervorhebungen (2)

Zum Einschreiben

Wenn du wichtige Textstellen hervorheben willst, kannst du z. B. die Schriftart und die -größe ändern. Diese Möglichkeiten kennst du schon. Das Winword-Programm bietet dir noch viele andere Hervorhebungsmöglichkeiten, die du einfach „ein- und ausschalten“ kannst. Am besten schaust du dir jetzt die folgende Übersicht an.

Arbeitsablauf für Zeichenformatierungen

Art und Möglichkeit	Hervorhebung einschalten	Hervorhebung ausschalten
Unterstreichen	Symbol U in der Formatierungsleiste anklicken oder: Menü **Format** ➔ **Zeichen** ➔ Unterstreichung (einfach) ➔ OK	wie Hervorhebung einschalten
Fettdruck	Symbol F in der Formatierungsleiste anklicken oder: Menü **Format** ➔ **Zeichen** ➔ fett ➔ OK	wie Hervorhebung einschalten
Kursivschrift	Symbol K in der Formatierungsleiste anklicken oder: Menü Format ➔ Zeichen ➔ kursiv ➔ OK	wie Hervorhebung einschalten

Hinweis: Bei nachträglichen Hervorhebungen und Änderungen musst du die entsprechenden Textstellen zuerst markieren.

Aufgabe 1: Erfasse den folgenden Text gleichzeitig mit den Hervorhebungen.
Wähle den einfachsten Weg, klicke das Formatierungssymbol an. – Drucke den Text.

Wenn du etwas unterstreichen willst, kannst du das sofort tun. Beim Winword-Programm ist es auch immer möglich, dass du erst nachträglich unterstreichst. Du musst dann die Stellen markieren.

Vom **Fettdruck** sprechen wir, wenn Teile eines Textes – z. B. die Überschriften in unserer Tabelle – doppelt gedruckt werden. Das **Winword-Programm** bietet hierfür zwei verschiedene Möglichkeiten.

Eine *Kursivschrift* erkennst du schon auf den ersten Blick. Hier sieht die Grafik wesentlich anders aus als bei den *„normalen“ Schriften*. Du kannst *Wörter, Sätze und Absätze* kursiv schreiben.

Aufgabe 2: Entferne die Hervorhebungen im Text der Aufgabe 1 (s. Arbeitsablauf für Zeichenformatierungen).
Drucke den Text.

Aufgabe 3: Gib die Hervorhebungen im Text der Aufgabe 2 nachträglich ein.

Hervorhebungen helfen dir deine Texte übersichtlicher zu gestalten.

Hervorhebungen (3)

Zum Einschreiben

Du hast schon einige Möglichkeiten kennen gelernt, wie du sehr wirkungsvoll Textstellen mit dem Winword-Programm hervorheben kannst. Heute beschäftigen wir uns mit zwei neuen Möglichkeiten der Hervorhebung – mit dem Einrücken und Zentrieren. Viel Erfolg!

Einrücken

Aufgabe 1: Erfasse den folgenden Text zuerst mit gleichzeitiger und dann mit nachträglicher Einrückung.

Arbeitsablauf

Menü **Format ➔Absatz ➔** Einzug von links: 2,54 cm eingeben ➔ OK
Zur Aufhebung der Einrückung gilt der Arbeitsablauf mit der Eingabe 0 cm.

Wenn du nicht millimetergenau einrücken willst, ziehe mit der linken Maustaste die linken Einzugsmarken im Zeilenlineal an die gewünschte Stelle, z. B. auf 2,5 cm.

Bei nachträglichem Einrücken musst du den Absatz vorher markieren oder mit dem Cursor im Absatz stehen.

Vor und nach einer Einrückung schaltest du zweimal. Du fängst mit der Einrückung auf 2,54 cm an. Schaue dir zuerst das Beispiel an.

Mit diesem Brief erhalten Sie meine Bewerbungsunterlagen:

    1 Lebenslauf in Tabellenform
    1 Foto
    1 Zeugnis

Gerade bei einer Bewerbung ist es sehr sinnvoll, die Anlagen im Brieftext als Einrückung hervorzuheben. Du denkst bestimmt daran.

Zentrieren

Aufgabe 2: Erfasse den folgenden Text zuerst mit gleichzeitigem und dann mit nachträglichem Zentrieren.

Arbeitsablauf

Klicke in der Formatierungsleiste das Symbol für Zentrieren an.

Klicke auf das Symbol für linksbündig, wenn du die Zentrierung beenden willst.

Zum Zentrieren (genau in der Mitte der Zeile anordnen) eignen sich Überschriften sehr gut. Besonders wirkungsvoll ist es natürlich, wenn du mit Fettdruck kombinierst. Beispiel:

Zum Thema Winword

Du siehst, dass das Zentrieren mit Winword immer sehr einfach ist.

Bitte denke daran: Zu viele Hervorhebungen beeinträchtigen die Wirkung.

Straßennamen richtig schreiben

Zuerst: Einschreiben

Alle Straßen haben einen Namen. Viele Straßen sind nach berühmten Leuten benannt, z. B. nach Dichtern oder Malern. Oft sind es auch Orte, die den Straßen ihre Namen geben. Nicht selten stehen Tiere Pate für den Straßennamen. Achtet einmal auf die Straßenschilder!

Straßenschilder sind nicht immer richtig geschrieben

Geht einmal aufmerksam durch die Stadt und seht euch die Schilder mit den Straßennamen genau an. Prüft einmal nach, ob die Schilder mit den Regeln übereinstimmen. Wir wollen die Regeln wiederholen.

Hauptwort oder Name oder Eigenschaftswort + Straße, Gasse usw.

Peter wohnt in der Bahnhofstraße, Maximilian in der Burgtorgasse. An der Goethestraße und am Schillerplatz stehen alte Lindenbäume. In der Hochstraße und am Neumarkt gibt es zwei große Warenhäuser.

Mehrere Wörter + Straße, Gasse usw.

Im März wird am Kaiser-Karl-Ufer ein schöner Campingplatz gebaut. Eine Zufahrt für Autos mit Wohnwagen bietet die Paul-Klee-Straße. Für breitere Fahrzeuge ist die Graf-Leopold-Allee nicht geeignet.

Eigenschaftswörter mit Endung + Straße, Gasse usw.

Die Hohe Straße und die Lange Straße haben einige neue Hochhäuser. Der Alte Markt und die Breite Straße liegen in der Fußgängerzone.

Orts- und Ländernamen auf -er und -isch + Straße, Gasse usw.

Das neue Sportgeschäft in der Ulmer Straße wurde im Mai eröffnet. Der Inhaber, Herr Rex, hatte früher einen Laden am Mainzer Platz. Die Schwedische Promenade führt direkt zur großen Jugendherberge.

Verhältniswörter und Geschlechtswörter in Straßennamen

Unter den Linden – die große Berliner Straße – ist allen bekannt. Alte und moderne Geschäfte Unter den Linden bieten ihre Waren an. Das neue Hotel "Berlin" hat die Anschrift: Am Hohen Berg 10 – 12.

Straßennamen auf einen Blick

zusammen	getrennt	Bindestrich
Bahnhofstraße	Hohe Straße	Kaiser-Karl-Ufer
Burgtorgasse	Lange Straße	Paul-Klee-Straße
Goethestraße	Ulmer Straße	Graf-Leopold-Allee

Aufgaben:

1. Erfasse die obige Tabelle „Straßennamen auf einen Blick“. Setze einen linksbündigen Tab-Stopp auf 7,0 cm und einen auf 12,0 cm.
2. Ergänze die Tabelle mit den Straßennamen, die du aus folgenden Angaben für die Bestimmungen bildest. Verwende dabei die Grundwörter „Straße“ oder „Gasse“ oder „Platz“ oder „Allee“ nach deiner Wahl:

   Pastor Meyer, Mittel, Erfurter, Post, Dr. Fischer, Breite, Ludwig, Graf v. Gahlen, Aachener, Weber, Kurt Burger, Burg, Pater Delp, Hohe, Eisenacher, Grüne, Friedrich, Fritz Reuter.
3. Wer Lust hat, kann nun auch noch alle Straßennamen des Schul- oder Heimatortes in die Tabelle einfügen.

4 7127 Lambrich/Queqwer, TIPP & CHIP 712749

Empfängeranschriften

Zuerst: Einschreiben

Briefe werden schneller befördert, wenn die Adresse stimmt. Darum ist es wichtig, alle Adressen (Anschriften) richtig zu schreiben.

Der Brief auf einem A4-Blatt ohne Aufdruck

Wie man auf einem A4-Blatt einen Brief zu schreiben hat, dies ist genau festgelegt („genormt“). Auf Seite 51 hast du ein Muster. Es zeigt dir, wie die einzelnen Angaben normgerecht anzuordnen sind.

Empfängeranschriften im 9-zeiligen Anschriftfeld

Zahlen am rechten Rand: Zeilen des Anschriftfeldes

.	.	1
.	.	2
.	.	3
Frau	Herrn Bürgermeister	4
Dr. Brigitte Weißhaupt	Dieter Birkelbach	5
Brandenburger Straße 5 a	Postfach 2 42 04	6
14467 Potsdam	65004 Wiesbaden	7
.	.	8
.	.	9

Zahlen am rechten Rand: Zeilen des Anschriftfeldes

.	1
.	2
.	3
Frau	4
Doris Steiger	5
bei Familie Bergmann	6
Wappenstraße 15	7
33699 Bielefeld	8
.	9

Empfängeranschriften auf automationsfähigen Briefsendungen

Postalische Vermerke stehen in der 3. Zeile des 9-zeiligen Anschriftfeldes, z. B. Einschreiben, Päckchen, Büchersendung usw.

Zahlen am rechten Rand: Zeilen des Anschriftfeldes

.	.	1
.	.	2
Einschreiben	Päckchen	3
Computersysteme	Städtisches Krankenhaus	4
Blitz & Jung OHG	Herrn Dr. Paul Hofmann	5
Luisenstraße 3 - 5	Robert-Koch-Straße 44 - 46	6
53879 Euskirchen	17036 Neubrandenburg	7
.	.	8
.	.	9

712750

Diese Leerzeilen entsprechen der Einstellung 1,69 cm von oben.

Das Datum steht auf 10,16 cm vom linken Rand bzw. 12,57 cm von der linken Blattkante.

⑤ Klassenzeitung „Denkmal“
Christina Schnell
Thüringer Straße 16 a
65520 Bad Camberg
Tel. 06434 7102

....-09-04

Postalische Vermerke stehen in der 15. Zeile des Briefblattes.

⑮ Einschreiben Einwurf
„Limburger Nachrichten“
Frau Redakteurin Höfer
Robert-Koch-Straße 41 - 43
65549 Limburg

㉔ Fotos vom Sportfest der Schillerschule

Sehr geehrte Frau Höfer,

Sie waren so freundlich mir 24 Fotos zu senden, die Sie beim Sportfest der Schillerschule aufgenommen hatten. Den Eingang habe ich Ihnen schon telefonisch bestätigt. Nochmals vielen Dank.

Für die Klassenzeitung „Denkmal“ habe ich sechs Fotos ausgewählt:

- Szene aus dem Handballspiel Schillerschule - Realschule
- Foto der Handballmannschaft Schillerschule
- Foto der Fußballmannschaft Schillerschule
- Zielfoto 80-m-Lauf
- Siegerehrung Dreikampf
- Siegerehrung Weitspringerinnen

Diese Bilder werde ich an Sie zurückschicken, sobald die Oktoberausgabe von „Denkmal“ erschienen ist. Selbstverständlich werden Sie dann auch zwei Belegstücke bekommen.

Mit freundlichen Grüßen

Für die Unterschrift sollten mindestens 3 Leerzeilen zur Verfügung stehen; deshalb schalten wir nach dem Gruß viermal bis zum Anlagenvermerk.

Anlagen
18 Fotos

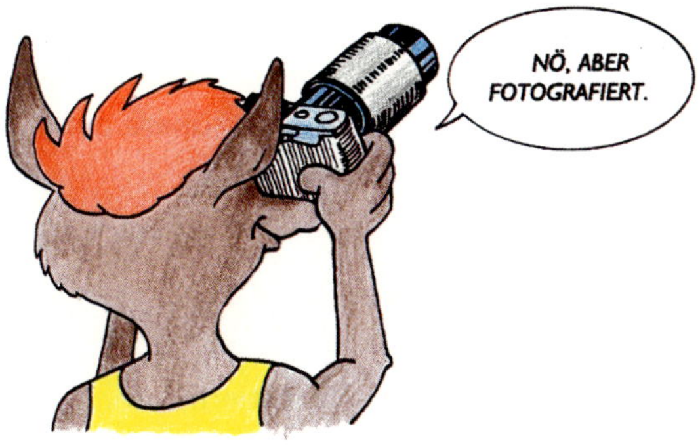

Zum Einschreiben

Du kannst dir die Arbeit erleichtern, wenn du dir für deine Briefe eine Vorlage erstellst, die du speicherst und dann immer benutzen kannst. An wichtigen Stellen solltest du Haltemarken setzen, die du später mit einer Tastenkombination ansteuerst. Schau dir bitte die folgenden Arbeitsschritte ganz genau an.

Erstellen der Vorlage

Aufgabe 1: Erstelle eine Vorlage mit deinem Namen und Absender nach folgendem Arbeitsablauf und Darstellung für den A4-Brief ohne Aufdruck. Löse dann die Aufgabe 2.

Arbeitsablauf

Menü **Datei** ➔ **Neu** ➔ im Aufgabenbereich Allgemeine Vorlagen wählen ➔ Auf Vorlage klicken ➔ OK
Winword wechselt in den Vorlagenmodus.
Marken für Anschrift, Betreffangabe und Anrede setzen mit STRG + F9. Es steht folgendes Zeichen: { }

Hinweis: Bitte schalte im Menü **Ansicht** auf **Seitenlayout**, damit die Zeilen auf dem Bildschirm und beim Drucken übereinstimmen. Beginne dann direkt oben mit deiner Absenderangabe.

Christina Schnell
Thüringer Straße 16 a
65520 Bad Camberg
Tel. 06434 7102

{}
(s. Arbeitsablauf)

{ } (s. Arbeitsablauf)

{ } (s. Arbeitsablauf)

{ } (s. Arbeitsablauf)

Ansteuern der Marken und Speichern der Vorlage

Aufgabe 2: Prüfe, ob das Ansteuern der Marken funktioniert. Dann speichere die Vorlage unter dem Dateinamen *Vorlage privat*.

Arbeitsabläufe

Ansteuern: Cursor an den Textanfang und von Marke zu Marke mit F11.

Speichern: Menü **Datei** ➔ **Speichern unter** ➔ Dateiname angeben ➔ OK
Als Dateierweiterung schlägt Winword *.DOT vor. Akzeptiere diesen Vorschlag.

Nutze diese Vorlage für alle deine Briefe mit eigenem Absender.

712752

Erfassen eines Briefes in einer Vorlage

Aufgabe: Erfasse den folgenden A4-Brief ohne Aufdruck mit deiner Vorlage.

Arbeitsablauf

a) Laden der Vorlage: Menü **Datei ➔ Neu ➔** im Aufgabenbereich Allgemeine Vorlagen auswählen **➔ Vorlage privat** anklicken und mit OK bestätigen

b) Cursor an den Textanfang positionieren: STRG + POS1

c) Haltepunkt (Marke) ansteuern mit F11.

d) Angaben eingeben bzw. Text erfassen (s. folgender Brief)

Hinweis: Während des Ansteuerns der Marken, d. h. während der Texteingabe bis einschließlich Anrede, muss der Überschreibmodus Taste EINF eingestellt sein.

Vorsicht: Winword stellt dir unter **Datei ➔ Neu ➔** Allgemeine Vorlagen ➔ Vorlagen für Briefe und Faxe, Memos sowie Berichte zur Verfügung. Bitte benutze diese Vorlagen nicht, sie entsprechen in keiner Weise den Vorschriften von DIN 676 und 5008. Erstelle also immer deine eigenen, normgerechten Vorlagen.

Christina Schnell   ....-05-15
Thüringer Straße 16 a
65520 Bad Camberg
Tel. 06434 7102
.
.
.
.
.
.
.
Herrn Prokurist
Manfred Aubinger
Am Feldbergblick 10
65549 Limburg
.
.
.
.
Ausbildung zur Verlagskauffrau
.
.
Sehr geehrter Herr Aubinger,
.
vor einiger Zeit haben Sie meinen Mitschülerinnen und mir den technischen und kaufmännischen Betrieb Ihres Verlages gezeigt. Diese Betriebsbesichtigung hat meinen Wunsch verstärkt den Beruf der Verlagskauffrau zu erlernen.
.
Wissen Sie, ob die Verlagsleitung der „Limburger Nachrichten“ beabsichtigt ab September d. J. eine Bewerberin als Verlagskauffrau auszubilden? Ich würde mich dann bei der Verlagsleitung schriftlich bewerben.
.
Mit freundlichen Grüßen

Was gehört zur schriftlichen Bewerbung? Die Bewerbungsunterlagen sind: Lebenslauf, Foto, Kopien von Zeugnissen und Bescheinigungen. Dazu kommt der Bewerbungsbrief. Diesen Brief und alle Unterlagen musst du erst entwerfen und dann sehr sorgfältig schreiben.

Klar, dass du den Bewerbungsbrief mit dem Computer oder auf einer Schreibmaschine erstellst. Im Bewerbungsbrief muss alles stimmen: Inhalt und Stil, Rechtschreibung und Zeichensetzung. Achte auf eine gute Gliederung und ein gutes Aussehen des Briefes.

Der tabellarische Lebenslauf

Er enthält die persönlichen Daten, die Schul- und Berufsausbildung, die Berufspraxis, die Weiterbildung und ggf. „Sonstiges": Kenntnisse und Fertigkeiten, die nicht unmittelbar zum Berufsbild gehören, für den Empfänger jedoch interessant sein können (z. B. Ausbildung in erster Hilfe, sportliche Betätigung u. Ä.).

Die Form des tabellarischen Lebenslaufs ist nicht vorgeschrieben, doch empfiehlt sich Folgendes zu beachten: Die Leitwörter beginnen bei 2,41 cm, die zugehörigen Angaben bei 7,49 cm von der linken Blattkante. Zwischen den einzelnen Gruppen schaltest du eine Leerzeile. Der Lebenslauf endet mit Datum und Unterschrift.

Der Lebenslauf in Berichtsform

Der Lebenslauf in Tabellenform ist sehr übersichtlich. Deshalb wird er von den Personalabteilungen auch am liebsten gesehen. Manchmal wird aber noch ein handschriftlicher Lebenslauf gewünscht oder sogar verlangt. Für den handschriftlichen Lebenslauf ist die Berichtsform zu empfehlen. Fasse dich dann aber kurz.

Am besten schreibst du den handschriftlichen Lebenslauf auf ein unliniertes A4-Blatt. Lege dann ein Linienblatt unter, damit die Zeilen möglichst gerade verlaufen. Lasse links und rechts einen Rand (links etwa 3 cm, rechts etwa 2 cm). Für den Wortlaut findest du hier ein Beispiel (im Original bitte handschriftlich).

Beispiel für einen Lebenslauf in Berichtsform (im Original handschriftlich)

<u>Lebenslauf</u>

Am 12. September .... wurde ich als Tochter des Försters Richard Schnell und seiner Ehefrau Anneliese Schnell, geb. Reichert, in Bad Camberg geboren. Ich habe zwei Geschwister: Stefan (10 Jahre) und Rita (6 Jahre).

Seit Herbst .... besuche ich die Grund- und Hauptschule in Bad Camberg. Dort werde ich im Sommer .... entlassen.

Schon früh hatte ich großes Interesse an allem, was mit dem Schreiben und vor allem der Presse sowie der Daten- und Textverarbeitung zusammenhängt. Seit zwei Jahren leite ich die Schülerzeitung „Denkmal".

Neben englischen Schulkenntnissen habe ich in einem Lehrgang der Limburger Volkshochschule auch französische Grundkenntnisse erworben. Dort habe ich auch einen Lehrgang „WINWORD" besucht.

Vom Roten Kreuz Bad Camberg wurde ich in erster Hilfe ausgebildet. Seit .... bin ich Mitglied des TV Bad Camberg. Ich gehöre den Abteilungen für Leichtathletik und Handball an.

Im Juli v. J. habe ich in der Großhandlung Peter Neumann OHG, Rheinstraße 5, Bad Camberg ein Betriebspraktikum absolviert.

Tipp: Auch den handschriftlichen Lebenslauf kannst du in Tabellenform schreiben.

712754

Christina Schnell
Thüringer Straße 16 a
65520 Bad Camberg
Tel. 06434 7102

....-05-12

„Limburger Nachrichten“
Personalabteilung
Robert-Koch-Straße 41 - 43
65549 Limburg

Ihre Anzeige vom ....-05-10
Ausbildung zur Verlagskauffrau

Sehr geehrte Damen und Herren,

Ihre Anzeige hat mir gefallen. Darum bewerbe ich mich bei Ihnen um einen Ausbildungsplatz zur Verlagskauffrau.

Den Abschluss der Hauptschule, den Sie voraussetzen, werde ich im Sommer d. J. erwerben. Danach könnte ich meine Ausbildung in Ihrem Verlagshaus sofort beginnen.

Schon lange interessiere ich mich für alles, was mit der Herstellung und Berichterstattung einer Tageszeitung zusammenhängt. Auch Daten- und Textverarbeitung liegen mir besonders. Seit zwei Jahren bin ich „Chefredakteurin“ der Schülerzeitung „Denkmal“. Ich habe schon mit Ihrer Bildredaktion (Frau Höfer) zusammengearbeitet.

Wie Sie aus dem beiliegenden Lebenslauf ersehen, habe ich einen Lehrgang „WINWORD“ der Limburger Volkshochschule besucht. Dort nehme ich zz. am Lehrgang „Französisch für Anfänger“ teil, sodass ich außer Englisch (Schulkenntnisse) auch ein wenig Französich sprechen und schreiben kann.

Bitte entnehmen Sie weitere Einzelheiten dem beiliegenden Lebenslauf. Über Ihre Einladung zum Vorstellungsgespräch würde ich mich natürlich sehr freuen.

Mit freundlichen Grüßen
Christina Schnell

Anlagen
1 Lebenslauf
1 Foto
1 Zeugniskopie

Der Anlagenvermerk darf auch 12,57 cm von der linken Blattkante bzw. auf Grad 50 beginnen (auf der Höhe des Grußes).

Lebenslauf mit Winword in Tabellenform.

Schreibe mindestens zwei Entwürfe für deinen eigenen Lebenslauf. – Setze einen linksbündigen Tabulatorstopp 7,49 cm von der linken Blattkante bzw. 5,08 cm vom linken Rand (Grad 30).

Lebenslauf

Name:	Schnell
Vornamen:	Christina Maria
Geburtsdatum:	12. September ....
Geburtsort:	Bad Camberg
Anschrift:	65520 Bad Camberg Thüringer Straße 16 a Tel. 06434 7102
Eltern:	Richard Schnell, Förster Anneliese Schnell, Hausfrau, geb. Reichert
Geschwister:	Stefan (10 Jahre); Rita (6 Jahre)
Schulbesuch:	9 Jahre Grund- und Hauptschule in Bad Camberg (Herbst .... - zz.)
Lehrgänge:	Lehrgang WINWORD der VHS Limburg (Januar .... - Juni ....) Französisch für Anfänger (VHS Limburg) (September .... - zz.) Anfängerlehrgang in erster Hilfe beim Roten Kreuz, Bad Camberg (Februar .... - März ....)
Betriebspraktikum:	Großhandlung Peter Neumann OHG, Rheinstraße 5, 65520 Bad Camberg (Juli ....)
Sonstiges:	Mitglied des TV Bad Camberg seit .... (Leichtathletik und Handball) Jugendsportabzeichen (....)

Bad Camberg, ...-05-22

Christina Schnell

712756

Aufgaben für A4-Briefe (1)

Denke daran, deine Briefe übersichtlich in Absätze zu gliedern.

Brief aus dem Ferienlager

Briefkopf:	Dein Vor- und Zuname, Ferienlager TIPP und CHIP, Lübecker Straße 21, 24340 Eckernförde;
Datum:	....-08-03
Empfänger:	Familie ... (deine), ... (deine Wohnung), ... (dein Wohnort)
Betreff:	Mein erster Brief aus dem Ferienlager TIPP und CHIP
Anrede:	..., (z. B. Eltern, Geschwister ...)

aus dem Ferienlager TIPP und CHIP grüße ich euch alle herzlich. Bisher hatten wir nur schönes Wetter, aber heute regnet es in Strömen. Da will ich euch einen Brief schreiben. Das Ferienlager hat einen modern eingerichteten Computersaal. Darin dürfen wir in der Freizeit üben. Im Computerkurs habe ich schon viel gelernt.

Unser Ferienlager liegt direkt am Strand. Wir gehen täglich zum Schwimmen. Ich spiele sogar Wasserball. Als Handballer(in) und gute(r) Schwimmer(in) fällt mir das nicht schwer. Ich hoffe, dass es euch gut geht. Bitte grüßt meine(n) Freund(in) ... Euch allen alles Gute! Mit vielen lieben Grüßen aus Eckernförde euer(e)

Unfallbericht für die Tageszeitung

Briefkopf:	Dein Vor- und Zuname, deine Anschrift und Telefonnummer
Datum:	....-12-08
Empfänger:	... (Anschrift einer Tageszeitung nach deiner Wahl)
Betreff, Anrede:	Verkehrsunfall; Sehr geehrte Damen und Herren,
Briefabschluss:	Mit freundlichen Grüßen

gestern Abend gegen 18 Uhr ereignete sich in der Poststraße, kurz vor der Einmündung der Bergstraße, ein Verkehrsunfall. Ein Lkw kam aus der Bergstraße und bog in die Poststraße ein. Dabei beachtete der Lkw-Fahrer aber nicht die Vorfahrt und stieß frontal mit einem auf der Poststraße fahrenden Pkw zusammen. Die Pkw-Fahrerin wurde

schwer verletzt. Nur 5 Minuten später traf der Rote-Kreuz-Wagen ein und brachte die Frau ins Krankenhaus. Der Lkw-Fahrer blieb unverletzt, erlitt aber einen Schock. Die Polizei hat den Unfall aufgenommen. Da von Ihrer Zeitung niemand anwesend war, gebe ich diesen Augenzeugenbericht zur Veröffentlichung in Ihrer Zeitung.

Bitte um Informationsmaterial

Briefkopf:	Dein Vor- und Zuname, deine Anschrift und Telefonnumer
Datum:	heutiger Tag (....-..-..)
Empfänger:	Städtisches Verkehrsamt (Anschrift nach deiner Wahl)
Betreff, Anrede:	Radfahrwege; Sehr geehrte Damen und Herren,
Briefabschluss:	Freundlichen Gruß

als Redakteur(in) der Schülerzeitschrift „Denkmal“ wende ich mich heute an Sie mit einer Bitte. In einer der nächsten Ausgaben von „Denkmal“ wollen wir mit einer Serie über die Radwege unserer näheren Heimat beginnen. Wir sind sicher, dass eine solche Serie bei unseren Lesern gut ankommen wird. Es ist daran gedacht, die

wichtigsten Strecken zu beschreiben, eine Karte des Radwegnetzes aufzunehmen und einige Fotos zu bringen. Darf ich um geeignetes Informationsmaterial bitten? Gern bin ich auch zu einem Gespräch mit Ihnen bereit. Mit Ihrem Entgegenkommen, für das ich Ihnen im Voraus danke, fördern Sie bestimmt auch die Verkehrssicherheit.

Gestalte alle Briefe so schön wie möglich. Mache mehrere Versuche.

Aufgaben für A4-Briefe (2)

Denke daran, deine Briefe übersichtlich in Absätze zu gliedern.

Wann können wir Ihr Museum besuchen?

Briefkopf:	Dein Vor- und Zuname, deine Anschrift und Telefonnummer
Datum:	....-04-12
Empfänger:	Forschungs- und Ausbildungsstätte, Herrn Hans Gebhardt, Bernecker Straße 11, 95448 Bayreuth
Betreff:	Besuch Ihres Schreibmaschinenmuseums;
Anrede:	Sehr geehrter Herr Gebhardt,

Frau Berger, meine Klassenlehrerin, hat mich beauftragt bei den Vorbereitungen für eine Klassenfahrt nach Bayreuth zu helfen. Zu meinen Aufgaben gehört es, nach Möglichkeit einen Besuch in Ihrem Schreibmaschinenmuseum zu organisieren. Wir treffen am 10. Oktober in Bayreuth ein und bleiben drei bis vier Tage. Ist es möglich,

Ihr Schreibmaschinenmuseum in dieser Zeit zu besichtigen? Können Sie uns durch das Museum führen? Bestimmt werden Sie uns dann viel Sehenswertes zeigen. Wie lange dauert die Besichtigung etwa? Bitte nennen Sie mir einen Termin, der Ihnen passt. Für Ihre Mühe danke ich Ihnen, auch im Namen der Klasse, im Voraus. Freundliche Grüße

Die Oldtimer waren Klasse

Briefkopf:	Dein Vor- und Zuname, deine Anschrift und Telefonnummer
Datum:	....-11-09
Empfänger:	Dein(e) Freund(in) oder: Peter (Petra) Fischer, Münchener Straße 14, 01187 Dresden
Anrede:	Liebe(r) ...; oder: Lieber Peter, (Liebe Petra,)

wie du weißt, ist unsere Klasse im Oktober d. J. nach Bayreuth gefahren. Wie haben viel Schönes gesehen und erlebt. Für mich war der Besuch im Schreibmaschinenmuseum besonders interessant. Beim nächsten Wiedersehen werde ich dir ausführlich darüber berichten. Ich hätte nicht gedacht, dass es so viele verschiedene Bauarten für

Schreibmaschinen gibt. Das gilt vor allem für die Lagerung der Typenhebel. Interessant sind auch die Namen der Maschinen. Da gibt es Frauen- und Firmennamen, Abkürzungen und stolze Namen, z. B. „Juwel“, „Empire“, „Kanzler“. Ich hoffe, es geht euch allen gut. Grüße bitte deine Eltern und Geschwister. Herzliche Grüße dein(e)

Welche Artikel wollen Sie veröffentlichen?

Briefkopf:	Dein Vor- und Zuname, deine Anschrift und Telefonnummer
Datum:	....-01-14
Empfänger:	Stadtverwaltung Wiesbaden, Presseamt, Frau Helga Meyer, Postfach 21 02, 65121 Wiesbaden
Betreff, Anrede:	Jugendsport; Sehr geehrte Frau Meyer,
Briefabschluss:	Mit freundlichen Grüßen; Anlagen 4 Hefte

Sie erinnern sich an das Telefongespräch, das ich gestern Mittag mit Ihnen geführt habe. Darin haben Sie freundlicherweise zugesagt sich die letzten Hefte der Schülerzeitschrift „Denkmal“ anzusehen. Mit diesem Brief sende ich Ihnen die vier Hefte vom vorigen Jahr.

Wie Sie daraus ersehen, haben unsere Redakteure mehrere Artikel über den Jugendsport in Wiesbaden und Umgebung geschrieben. Bitte prüfen Sie, welche Berichte für eine Veröffentlichung in Ihrem Stadtanzeiger geeignet sind. Lassen Sie mich auch wissen, ob Sie die Originalfotos brauchen. Für Ihre Mühe danke ich schon heute.

Gestalte alle Briefe so schön wie möglich. Mache mehrere Versuche.

Auch alte Schreibmaschinen werden gesammelt

Vorübung

älter stabil funktionieren historisch interessant moderne Technik
Oldtimer Museum Büromaschinen, Forschungs- und Ausbildungsstätte,
Manche Museen haben sogar Abteilungen mit alten Schreibmaschinen. (70)

Anschläge

Oldtimer gibt es nicht nur bei Autos. Auch alte Schreibmaschinen 69
haben viele Freunde. Die Sammler bezeichnen diese Klapperkästen 137
liebevoll als Oldtimer. Je älter, desto wertvoller! Die meisten 205
alten Schreibmaschinen sind Prachtstücke, aus Eisen, Stahl und 272
starkem Blech gebaut. Sie sind stabil, viele funktionieren noch. 339

In Deutschland gibt es ein paar Sammlungen historischer Maschinen. 410
Das Deutsche Museum in München hat eine große Abteilung mit alten 481
Büromaschinen. Besonders umfangreich und sehr interessant ist das 549
Museum der Forschungs- und Ausbildungsstätte in Bayreuth. Jahr für 621
Jahr kommen Besucher, vor allem Schüler, um die Oldtimer zu sehen. 692

Wer Sinn für alte und schöne Dinge hat, dem wird da viel geboten. 761
Einige alte Schreibmaschinen sind mit Blumen und Verzierungen bunt 832
bemalt. Dagegen wirken die modernen Büromaschinen sehr nüchtern. 899
Aber wir leben ja auch in einem anderen Jahrhundert. Doch auch die 969
moderne Technik mit ihren klaren Linien kann durchaus schön sein. 1037

Eine schreibende Puppe

Vorübung

maschinell, technische, spezielle, mechanische, sehr kompliziert,
Hofmechaniker, Phantasie, Schreibapparate, eine Klavierspielerin,
Lange vor der Schreibmaschine gab es schreibende Wundermaschinen. (69)

Das maschinelle Schreiben begann nicht mit einer Schreibmaschine, 69
sondern mit allerlei technischen Spielereien. Schon vor fast drei 137
Jahrhunderten dachten sich kluge Köpfe viele hübsche Dinge aus, um 207
Fürsten, Könige und Kaiser oder deren Kinder zu erfreuen. Viele 276
Geräte dieser Art werden heute in speziellen Museen aufbewahrt. 343

An jedem adeligen Hof gab es einen oder mehrere Hofmechaniker, die 413
schöne Gebrauchsgegenstände bastelten. Mit viel Phantasie bauten 481
diese Mechaniker in adeligen Diensten auch noch ganz andere Dinge. 551
Besonders beliebt waren mechanische Spielzeuge, die verblüffende 618
Sachen machten. Darunter gab es auch so genannte Schreibapparate. 686

Diese Schreibapparate konnten nicht jeden Text schreiben, sondern 755
nur Wörter oder Sätze, die vorher festlagen. Die Leute nannten sie 826
schreibende Wundermaschinen. Besonderen Erfolg hatte ein Schweizer 897
Uhrmacher mit seinen drei Puppen: Zeichner, Klavierspielerin und 967
Schreiber. Die Zeitgenossen staunten, was diese Puppen konnten. 1035

In jeder Puppe steckt ein komplizierter Automat, der die Arm- und 1105
Fingerbewegungen steuert. Der Schreiber sitzt an einem Pult. Er 1175
taucht den Federkiel ins Tintenfass, streift überflüssige Tinte ab 1245
und schreibt Buchstaben für Buchstaben aufs Papier. Und nach jedem 1316
Zeichen zieht die linke Hand das Papier um einen Schritt weiter. 1385

Die moderne Technik erleichtert uns auch das Schreiben.

A4-Brief mit Aufdruck

Zuerst: Einschreiben

In der geschäftlichen und behördlichen Korrespondenz werden meist Briefblätter A4 mit Aufdruck (nach DIN 676) verwendet. Es ist für dich wichtig, dass du auch die Regeln für die Beschriftung kennst.

Die Hauptteile des Vordrucks A4

Briefkopf, Postanschrift des Absenders, 9-zeiliges Anschriftfeld, Bezugszeichenzeile und Geschäftsangaben sind vorgedruckt. Es gibt noch eine Lochmarke, zwei Faltmarken und das Warnzeichen (alle im Heftrand eingedruckt). Das Warnzeichen steht 40 mm über den Angaben am Blattrand (Geschäftsangaben). Es zeigt an, dass noch etwa 9 Schreibzeilen zur Verfügung stehen. – Briefmuster s. Seite 61.

Bezugszeichen – Name, Durchwahlmöglichkeit – Datum

Diese Angaben sind eine Zeile unter die vorgedruckten Leitwörter zu schreiben. Das erste Schriftzeichen steht unter dem Anfangsbuchstaben des ersten Leitwortes. Bei Platzmangel (z. B. für den Namen des Sachbearbeiters/der Sachbearbeiterin) ist die nächste Zeile zu verwenden. Nutze für das Beschriften der Bezugszeichenzeile stets den Tabulator. Beachte dabei folgende Einstellungen:

1. Leitwort = Grad 10 (Elite 12) bzw. 2,41 cm von der linken Blattkante
2. Leitwort = Grad 30 (Elite 36) bzw. 7,49 cm von der linken Blattkante
3. Leitwort = Grad 50 (Elite 60) bzw. 12,57 cm von der linken Blattkante
4. Leitwort = Grad 70 (Elite 84) bzw. 17,65 cm von der linken Blattkante

Auslandsanschriften

Auslandsanschriften beginnen stets in der 4. Zeile des 9-zeiligen Anschriftfeldes. Der Bestimmungsort und das Bestimmungsland sind in GROSSBUCHSTABEN zu schreiben. Bitte beachte die beiden Muster.

.
.
.
Mr M L Jones
24 Cambridge Road
LONDON
N1 9ND
GROSSBRITANNIEN
.

.
.
.
OBBO Burostar
Le classement facile
Organisation de bureau
15 rue Henry René
34000 MONTPELLIER
FRANKREICH

Verteilvermerk

Der Verteilvermerk gibt an, wer Kopien oder Durchschläge erhalten soll. Die Anordnung entspricht dem Anlagenvermerk (Muster S. 62). Der Verteilvermerk ist vom Anlagenvermerk durch eine Leerzeile abzusetzen. Die Vermerke darfst du durch Fettschrift hervorheben.

712760

Druckerei und Verlag

Der Sportkurier

Der Sportkurier · Postfach 10 16 07 · 60016 Frankfurt

.
.
.
Klassenzeitung „Denkmal“
Christina Schnell
Thüringer Straße 16 a
65520 Bad Camberg
.
.

Ihr Zeichen, Ihre Nachricht vom	Unser Zeichen, unsere Nachricht vom	Telefon, Name 069 141208-	Datum
E-Mail ..-09-02	ba-me	231 Anke Ball	..-09-08

.
.
Verlagsbesichtigung
.
.
Hallo, Christina,
.
für deine Anfrage danken wir dir. Gern sind wir bereit dich und deine Mitschülerinnen sowie deine Klassenlehrerin, Frau Berger, durch unseren Verlag zu führen.
.
Für Schulklassen haben wir ein Besichtigungsprogramm entwickelt. Es umfasst sowohl den technischen Betrieb als auch die Redaktion. Eine ausführliche Besichtigung dauert etwa zwei Stunden. In dieser Zeit können wir den Besuchern die Aufgaben unserer wichtigsten Abteilungen anschaulich erläutern.
.
Bitte lasse uns wissen, wann ihr nach Frankfurt fahren wollt. Aus unserer Sicht wäre die 46. oder 47. Kalenderwoche am günstigsten.
.
Wir freuen uns auf den Besuch deiner Schulklasse. Schon heute wünschen wir euch gute Fahrt und viel Spaß in Frankfurt am Main.
.
Freundliche Grüße
.
DRUCKEREI & VERLAG
DER SPORTKURIER
.
i. A.
.
Anke Ball

Geschäftsräume	Telefax	E-Mail	Internet	Postbank
Lange Straße 12 – 14 60311 Frankfurt	069 121416	sportkurier-wvd@t-online.de	www.sportkurier-wvd.de	Frankfurt (Main) Kto-Nr. 164112605 BLZ 500 100 60

Klassenzeitung „DENKMAL"

Thüringer Straße 16 a
65520 Bad Camberg

In Auslandsanschriften sind Bestimmungsort und -land in Großbuchstaben zu schreiben.

Mr M L Jones
24 Cambrige Road
LONDON
N1 9 ND
GROSSBRITANNIEN

Sind die Leitwörter nicht vorgedruckt, werden sie als Kurzleitwörter geschrieben. Setze die Tabulaturstopps: 7,49 cm, 12,57 cm, 17,65 cm von der linken Blattkante.

Ihre Nachricht	Unser Zeichen	Tel., Name	Datum
jo-eg ..-10-28	ch-sn	06434 7102 Christina Schnell	..-11-15

Schüleraustausch

Sehr geehrter Herr Jones,

Sie waren so freundlich unsere Anfrage ausführlich zu beantworten. Hierfür danken wir Ihnen.

Inzwischen haben wir Ihre Informationen an alle interessierten Schülerinnen und Schüler sowie deren Eltern weitergegeben. Es ist erfreulich, dass sich so viele deutsche Schüler und Eltern für den Schüleraustausch interessieren. Wir haben noch zwei Fragen:

1. Welche Termine für den Besuch deutscher Schüler in Großbritannien können Sie uns für das nächste Jahr nennen?

2. Welche Termine für den Gegenbesuch der englischen Schüler haben Sie schon eingeplant?

Mit diesem Brief erhalten Sie die Adressen der Familien, die sich schon dazu bereit erklärt haben, englische Schüler/Schülerinnen im Austausch aufzunehmen.

Für Ihre weitere Hilfe danken wir Ihnen schon heute.

Mit freundlichen Grüßen

KLASSENZEITUNG „DENKMAL"

i. A. Christina Schnell
Chefredakteurin

Anlage
1 Adressenliste

Verteiler
Frau Berger
Herrn Mangold

Zusätze zur maschinenschriftlichen Angabe der Unterzeichner (z. B. *i. A., i. V., ppa.*) dürfen auch vor der Namenswiedergabe in derselben Zeile stehen.

712762

Klassenzeitung „DENKMAL“

Thüringer Straße 16 a
65520 Bad Camberg

Die Absenderangabe darf auch durch Zentrierung und/oder andere Schriftart gestaltet werden.

.
.
.
Bundeszentrale
für politische Bildung
Redaktionsbüro
Postfach 26 60
53016 Bonn
.

Ihr Zeichen: PZ 9
Ihre Nachricht vom: Mai 20..
.
Telefon: 06434 7102
Telefax: 06434 7117
E-Mail: Christina.Schnell-wvd@freenet.de
Internet: www.schiller-camberg-wvd.de
.
Datum: 20..-05-12

„PZ - Wir in Europa“
.
.
Sehr geehrte Damen und Herren der PZ-Redaktion,
.
für die schnelle Zusendung des neuesten Heftes Ihrer Zeitschrift „PZ - Wir in Europa“ danken wir Ihnen. Mit großem Interesse haben wir dieses Heft gelesen. Besonders gefallen haben uns folgende Beiträge:
.
- Man muss die Menschen mögen
- Selbst etwas tun
- Interview mit Prof. Kurt Becker
- Gemeinsinn geht vor Eigensinn

.
Unsere Klassenzeitung ist ständig auf der Suche nach Themen, die über unsere Schule hinausgehen. Deshalb fragen wir Sie heute, ob wir die oben genannten Artikel (in leicht gekürzter Form) in der Klassenzeitung „Denkmal“ bringen dürfen. Für Ihre Zusage danken wir Ihnen im Voraus.
.
Zum Artikel „Runter vom Ego-Trip“ haben wir uns ein paar Gedanken gemacht und in dem beiliegenden Manuskript als „Leserbrief“ festgehalten. Über die Veröffentlichung würden wir uns natürlich sehr freuen.
.
Mit freundlichen Grüßen
.
KLASSENZEITUNG „DENKMAL“
.
.
.
i. A. Christina Schnell
Chefredakteurin

Anlage
1 Leserbrief

Wenn viele Kommunikationsmöglichkeiten unterzubringen sind, empfiehlt sich der INFORMATIONSBLOCK. Seine Leitwörter beginnen 12,57 cm von der linken Blattkante bzw. auf Grad 50. Das 1. Leitwort *(Ihr Zeichen)* steht auf der Höhe der 1. Zeile des Anschriftfeldes. Beachte besonders die Leerzeilen zwischen *Ihre Nachricht vom* und *Telefon* bzw. *Internet* und *Datum*. Nach dem Datum folgen zwei Leerzeilen bis zur Betreffangabe. – Tipp: Verwende für den Brief mit Informationsblock eine Proportionalschrift.

Arbeiten mit Textbausteinen (1)

Erfassen von Textbausteinen

Die Textbausteine (Sätze oder Absätze) eines Texthandbuches werden auf dem Bildschirm in der Form erfasst, wie sie später einmal gedruckt werden sollen. Denke daran, Leerzeilen bzw. Absätze zu berücksichtigen.

Textbaustein 217: Ihre Anzeige hat mir gefallen. Darum wünsche ich mir, in Ihrem Unternehmen ausgebildet zu werden. *
Textbaustein 234: Bitte entnehmen Sie die Einzelheiten dem beiliegenden Lebenslauf. Über Ihre Einladung zum Vorstellungsgespräch würde ich mich sehr freuen.

Aufgabe 1: Erfasse diese Textbausteine mit der Zeilenschaltung nach dem Baustein Nr. 217. Zuvor solltest du dir eine neue Dokumentenvorlage anlegen. Winword speichert nämlich die Textbausteine in der entsprechenden Vorlage.

Arbeitsablauf

Menü **Datei** ➔ **Neu** ➔ im Aufgabenbeeich Allgemeine Vorlagen auswählen ➔ auf Vorlage klicken ➔ OK

Erfassen von Textbausteinen mit Platzhalter

Textbaustein 237: Falls Sie dies wünschen, gibt Ihnen # gern Auskunft über mich.

Für Variablen, z. B. in dem Textbaustein 237, musst du einen Platzhalter (= #) vorsehen. Dieser Platzhalter wird später durch das richtige Wort oder durch die richtige Textstelle ersetzt.

Aufgabe 2: Erfasse den Text des Textbausteins mit dem Platzhalter.

Aufgabe 3: Erfasse die weiteren Textbausteine der Texthandbücher auf den Seiten 66 bis 69. Für die Endungen wählst du die Form, die auf dich zutrifft, also entweder die weibliche oder die männliche.

Ablegen der Textbausteine in eine Textbausteindatei

Arbeitsablauf

Markieren ➔ Menü **Einfügen** ➔ **Autotext** ➔ **Autotext** ➔Nummer oder Name des Textbausteins angeben, z. B. 214 ➔ **Hinzufügen** anklicken ➔ Textbaustein auf dem Bildschirm mit ENTF löschen.

Aufgabe 4: Bearbeite die erfassten Textbausteine nach dem Arbeitsablauf.

Speichern der Textbausteindatei

Jedes Sachgebiet wird in einer besonderen Dokumentenvorlagendatei auf einem externen Speicher (Festplatte oder Diskette) gespeichert. Für die Namen der Textbausteine gelten dieselben Regeln wie für Dateien – eine Länge von 255 Zeichen darf nicht überschritten werden. Textbausteine erhalten automatisch den Zusatz .DOT.

Arbeitsablauf

Bevor du die Arbeit mit Winword beendest, speicherst du die Textbausteine.
Du klickst das Menü **Datei** ➔ **Beenden** an. Es erscheint die Abfrage auf dem Bildschirm, ob die Bausteine und Befehle gespeichert werden sollen. Gib ja ein. Deine Textbausteine werden gespeichert.

Aufgabe 5: Speichere die Textbausteine unter den Dateinamen Bewerbung und Zeitung.

712764

Arbeiten mit Textbausteinen (2)

Laden der Textbausteine

Beim Laden deines Winword-Programms werden die Textbausteine („Autotexte“) mit der entsprechenden Vorlage geladen.

Aufgabe 1: Lade neue Dateien, die auf den Vorlagen **Bewerbung.DOT** und. **Zeitung.DOT** basieren.

Drucken der Textbausteine

Den Wortlaut der gespeicherten Textbausteine kannst du dir ausdrucken lassen.

Arbeitsablauf

Menü **Datei** ➔ **Drucken** ➔ Option Autotext-Einträge ➔ OK

Aufgabe 2: Drucke den Wortlaut der Textbausteindateien **Bewerbung.DOT** und **Zeitung.DOT.**

Aufrufen der Textbausteine

Textbausteine werden meistens nach einem Schreibauftrag (siehe unten) aufgerufen. Voraussetzung ist, dass du den Cursor vorher richtig positioniert hast.

Arbeitsablauf

Selektionsnummer des Textbausteins angeben und F3 drücken.

Aufgabe 3: Rufe die Textbausteine nach dem folgenden Schreibauftrag auf. Ergänze sie durch die Variablen.

Hinweis: Variable Textstellen fügst du an der Stelle ein, wo das **Zeichen für Nummer (#)** steht. Dieses Zeichen löschst du anschließend.

Schreibauftrag	
Anschrift	ZDF-Pressedienst
	Postfach 40 40
	55100 Mainz
Code	**Variable (Einfügungen)**
109	
110	
116	„Denkmal“ – „Minderheiten“
119	
121	
126	„Minderheiten“
129	

Textbausteine: Schülerzeitung

Volltext	Code
Absenderangaben: Schülerzeitung „#“, Redaktion, Datum, PLZ Schulort, Straße, Hausnummer, Vorwahl-Nr., Tel. #	100
Versendungsform: Einschreiben Einwurf	101
Versendungsform: Einschreiben	102
Versendungsform: Päckchen	103
Empfängeranschrift (s. Vorschläge S. 67)	104
Bitte um Informationsmaterial	105
Bitte um Informationen zum Thema #	106
Bitte um Ihren Besuch	107
Bitte um ein Informationsgespräch	108
Bitte um Bildmaterial	109
Sehr geehrte Damen und Herren,	110
Sehr geehrte Frau #,	111
Sehr geehrter Herr #,	112
die Schülerzeitung „#“ will in ihren nächsten Ausgaben u. a. berichten über #. Mit dem beiliegenden Heft stellt sich Ihnen „#“ vor.	113
neben Artikeln über das Geschehen an unserer Schule will unsere Schülerzeitung künftig auch über # berichten. Zum Kennenlernen liegt diesem Brief das letzte Heft von „#“ bei.	114
die Redaktion der Schülerzeitung „#“ hat sich viel vorgenommen. Schon bald möchten wir z. B. über # berichten.	115
der Schülerzeitung „#“ liegt das Thema # besonders am Herzen. Deshalb wollen wir unseren Lesern ausführlich darüber berichten.	116
Vor allem will sich die Redaktion zuerst sachkundig machen. Daher sind aktuelle Infos zu diesem Thema sehr erwünscht.	117
Können Sie uns zum Thema # aktuelle Infos senden? Dafür wären wir Ihnen sehr dankbar.	118
Ist es Ihnen möglich, uns recht bald entsprechendes Infomaterial zu überlassen? Auch Fotos zum Thema sind sehr erwünscht.	119
Die Fotos, die Sie uns freundlicherweise überlassen, senden wir Ihnen so bald wie möglich zurück.	120
Am besten geeignet sind für uns Schwarzweißfotos. Die Bilder erhalten Sie so bald wie möglich zurück.	121
Wie wir erfahren haben, halten Fachleute Ihrer Organisation auch in Schulen Referate. Daran sind wir sehr interessiert. Bitte machen Sie Terminvorschläge.	122
Vielleicht ist es möglich, dass uns Fachleute Ihrer Organisation besuchen und mit uns über das Thema # diskutieren.	123
Wir denken auch an einen Besuch Ihres Fachteams in unserer Schule. Wann gibt es dafür eine Chance?	124

712766

Textbausteine: Schülerzeitung

Volltext	Code
Gewiss macht Ihnen unsere heutige Bitte große Mühe. Doch wir meinen, dass sich die Arbeit lohnt – für Sie und für uns.	**125**
Wir können uns vorstellen, wie viel Arbeit wir Ihnen mit unserer Bitte machen. Doch das Thema # ist bestimmt der Mühe wert.	**126**
Für Ihre freundliche Hilfe danken wir Ihnen schon heute. Selbstverständlich werden Sie von der betreffenden Ausgabe unserer Schülerzeitung ein Belegexemplar erhalten.	**127**
Schon heute vielen Dank für Ihre wertvolle Hilfe. Wenn der Artikel erschienen ist, senden wir Ihnen ein Belegexemplar.	**128**
Mit freundlichen Grüßen	**129**
Freundliche Grüße	**130**
Mit freundlichem Gruß	**131**
Freundlichen Gruß	**132**
# Anlagen	**133**
1 Anlage	**134**

Vorschläge

Titel der Schülerzeitschrift

Wenn ihr noch keinen Titel für eure Schülerzeitung habt, dann setzt bitte als Titel „Denkmal" ein. „Denkmal" will sagen, dass ihr über viele Dinge kritisch nachdenkt.

Empfängeranschriften

Die Textbausteine „Schülerzeitung" sind für Anfragen und Bitten an verschiedene Organisationen bestimmt. Die folgenden Anschriften gibt es wirklich. Informationsdienste senden euch kostenlos:

ARD-Programm-Direktion, Postfach 20 06 65, 80006 München

ZDF-Pressedienst, Postfach 40 40, 55100 Mainz

Bundeszentrale für politische Bildung: PZ-Redaktion, Heussallee 12, 53113 Bonn

Deutscher Blindenverband e. V., Bismarckstraße 30, 53113 Bonn

Deutscher Sportbund e. V., Pressestelle, Otto-Fleck-Schneise 12, 60528 Frankfurt

Deutsches Grünes Kreuz e. V., Schuhmarkt 4, 35037 Marburg

Presse- und Informationsdienst der Bundesregierung, Welckestraße 11, 53113 Bonn

Bestimmt fallen euch noch andere Empfänger ein. Denkt z. B. an:

- Forstamt (Waldbegehung mit dem Förster)
- Arbeitsamt (Beratung in der Schule: wenig bekannte Berufe)
- Stadtverwaltung (Kritik an ..., Vorschläge für ...)
- Tierschutzbund oder Tierheim (Tierschutz, Tierpflege)

Schreibaufträge

Stellt euch mit den Textbausteinen Briefe zusammen. Hier zwei Beispiele:

1. Brief: 104 Deutscher Sportbund; 105; 110; 116 „Denkmal" – „Wenig bekannte Sportarten"; 119; 120; 125; 128; 131

2. Brief: 104 Deutsches Grünes Kreuz; 106 „Gesunde Ernährung"; 110; 114 „Gesunde Ernährung" 126 „Gesunde Ernährung"; 127; 129; 134

Volltext	Code
Absenderangaben: Vorname, Zuname, Datum, PLZ Wohnort, Straße, Hausnummer, Vorwahl-Nr., Tel. #	200
Versendungsform: Einschreiben Einwurf	201
Versendungsform: Einschreiben	202
Empfängeranschrift #	203
Ihre Stellenanzeige	204
Ihre Anzeige in #	205
Telefongespräch mit #	206
Bewerbung um ein Betriebspraktikum	207
Bewerbung um einen Ferienjob	208
Bewerbung als #	209
Kurzbewerbung	210
Sehr geehrte Damen und Herren,	211
Sehr geehrte Frau #,	212
Sehr geehrter Herr #,	213
Sie suchen eine/-n Auszubildende/-n zum/zur #. Ich bewerbe mich um diese Ausbildungsstelle.	214
Sie suchen eine/-n #. Ich bewerbe mich bei Ihnen.	215
Ihre Anzeige in # hat mich direkt angesprochen. Ich bewerbe mich bei Ihnen.	216
Ihre Anzeige hat mir gefallen. Darum wünsche ich mir, in Ihrem Unternehmen ausgebildet zu werden.	217
Ihr Stellenangebot interessiert mich. Ich wünsche mir schon immer bei einer Behörde ausgebildet zu werden.	218
Ihr Unternehmen ist als guter Ausbildungsbetrieb bekannt. Ich möchte Industriekauf# werden. Können Sie mich als Auszubildende/-n einstellen?	219
Ihr Unternehmen genießt hohes Ansehen, vor allem auch als Ausbildungsbetrieb. Ich möchte # werden. Können Sie mich zum/zur # ausbilden?	220
# verdanke ich den Hinweis, dass Sie am # eine/-n Bewerber/-in zur Ausbildung als # einstellen wollen.	221
In einem bekannten Unternehmen Erfahrungen zu sammeln, dies ist der Grund für meine heutige Bewerbung bei Ihnen.	222
Ihr Unternehmen ist gewiss an guten Nachwuchskräften interessiert. Darum möchte ich gern bei Ihnen ein Betriebspraktikum machen.	223
Aus meiner Sicht wären hierzu die großen Ferien besonders geeignet. Wie denken Sie darüber?	224

712768

Textbausteine: Bewerbung

Volltext	Code
Mit diesem Brief erhalten Sie folgende Bewerbungsunterlagen:	**225**
Mit dieser Kurzbewerbung erhalten Sie:	**226**
Mit dieser Kurzbewerbung sende ich Ihnen: #. Bitte lassen Sie mich wissen, welche Unterlagen Sie noch wünschen.	**227**
1 Lebenslauf 1 Foto 1 Kopie meines letzten Schulzeugnisses	**228**
1 Lebenslauf 1 Foto # Zeugniskopien	**229**
Wie Sie aus meinem Lebenslauf ersehen, bin ich zurzeit #.	**230**
Wie Sie aus meinem Lebenslauf ersehen, bin ich Schüler/-in der #. Dort werde ich im # entlassen.	**231**
Wie aus meinem Lebenslauf hervorgeht, werde ich die # nach bestandener Abschlussprüfung verlassen.	**232**
Wie Sie aus meinem Lebenslauf ersehen, habe ich bereits ein Betriebspraktikum bei # absolviert.	**233**
Bitte entnehmen Sie die Einzelheiten dem beiliegenden Lebenslauf. Über Ihre Einladung zum Vorstellungsgespräch würde ich mich sehr freuen.	**234**
Mein besonderes Interesse gilt den Fächern #. Deshalb erstrebe ich eine gründliche Ausbildung zur/zum #.	**235**
Auskunft über mich erteilt Ihnen: #	**236**
Falls Sie dies wünschen, gibt Ihnen # gern Auskunft über mich.	**237**
Bitte prüfen Sie meine Bewerbung. Über Ihre Einladung zu einem Vorstellungsgespräch würde ich mich sehr freuen.	**238**
Bitte geben Sie mir die Möglichkeit zu einem Gespräch mit Ihrer/Ihrem Personalleiter/-in.	**239**
Informieren Sie mich bitte telefonisch oder schriftlich, ob ich mich bei Ihnen vorstellen darf.	**240**
Mit freundlichen Grüßen Freundliche Grüße Mit freundlichem Gruß Freundlichen Gruß	**241** **242** **243** **244**
# Anlagen 1 Anlage	**245** **246**

Arbeiten mit Serienbriefen (1)

Zum Einschreiben

Wenn du einen Brief mit demselben Text an viele Empfänger senden willst, bietet dir dein Winword-Programm eine große Erleichterung mit dem Serienbrief. Der Serienbrief wirkt wie ein individueller Brief. Der Empfänger merkt auf keinen Fall, dass er einer von vielen Empfängern dieses Briefes ist. Blicken wir kurz zurück:

Vielleicht erinnerst du dich noch an das unschöne Aussehen eines Briefes, der kopiert wurde. Die Anschrift wurde nachträglich eingefügt. Natürlich sah das alles andere als gut aus! Hier hilft der Serienbrief. Bitte sieh dir die folgenden Arbeitsschritte an. Wir wünschen dir viel Erfolg bei deinem ersten Serienbrief.

Erfassen und Speichern einer Datenquelle mit Winword

Aufgabe 1: Erfasse die folgenden Angaben einer Datenquelle und beachte die Hinweise für den Arbeitsablauf. Statt der vorgeschlagenen 8 Namen kannst du auch die „echten“ Namen und Anschriften deiner Freunde und Bekannten nehmen.

Anrede	Vorname	Name	Straße	PLZ	Ort	Anredeform
Frau	Anne	Borhofen	Gerlingsweg 14	56589	Datzeroth	liebe Anne
Herrn	Dirk	Hörnemann	Berta-von-Suttner-Straße 45	48346	Ostbevern	lieber Dirk
Herrn	Rainer	Janz	Friedrich-Hähnel-Straße 36	09120	Chemnitz	lieber Rainer
Frau	Almut	Kahmeier	Am Lindenhof 8	56112	Lahnstein	lieber Almut
Herrn	Peter	Ludwig	Buschhohl 2	67814	Dannenfels	lieber Peter
Frau	Ulrike	Rittel	Ernteweg 87	77855	Achern	liebe Ulrike
Herrn	Rolf	Schaefer	Schulstraße 154	39615	Seehausen	lieber Rolf
Frau	Ursula	Schwarting	Timm-Kröger-Weg 5 a	27474	Cuxhaven	liebe Uschi

Arbeitsablauf

Lade die Vorlage, die du unter dem Dateinamen „Vorlage privat“ gespeichert hast.

Menü „Extras“ ➔ Briefe und Sendungen ➔ Seriendruckassistent

Im „Aufgabenbereich“ wählst du „Briefe“ ➔ weiter: Dokument wird gestartet (= Schritt 1).

„Aktuelles Dokument verwenden“ ➔ weiter: Empfänger wählen (= Schritt 2).

„Neue Liste eingeben“ ➔ Erstellen ➔ Anpassen: gewünschte Feldnamen anklicken, nicht gewünschte löschen, neue hinzufügen, Reihenfolge ändern ➔ OK

Datenmasken ausfüllen. Für den nächsten Datensatz „Neuer Eintrag“ anklicken ➔ schließen.

Du erhältst die Aufforderung zum Speichern der Anschriftenliste. Speichere unter Anschriften. Du siehst jetzt die „Seriendruckempfänger“. Bestätige mit OK (= Schritt 3).

Aufgabe 2: Schließe den Aufgabenbereich „Seriendruck“.

712770

Arbeiten mit Serienbriefen (2)

Zum Einschreiben

Du weißt nun, wie du eine Datenquelle erstellst. Damit hast du den ersten Schritt zum Serienbrief getan. Jetzt lernst du, wie es mit dem Seriendruck-Hauptdokument weitergeht. Wenn du alles richtig gemacht hast, druckst du zum Schluss einige Einladungen aus, die individuell wirken. Bitte beachte unsere Anweisungen.

Erfassen, Speichern und Drucken eines Hauptdokuments mit Winword

a) Blende die Symbolleiste „Seriendruck“ ein: Ansicht ➔ Symbolleisten ➔ Seriendruck.

b) Erfasse die Absenderangaben und das Datum.

c) Für die Anschrift rufe die einzelnen Feldnamen auf: Button „Seriendruckfeld einfügen“.

d) Erfasse jetzt den restlichen Text für das Hauptdokument. Speichere **Hauptdokument Einladung**.

e) Führe die Datenquelle und das Hauptdokument über den Button „Seriendruck in neues Dokument“ zusammen.

f) Drucke die Serienbriefe aus..

Christina Schnell ....-06-15
Thüringer Straße 16 a
65520 Bad Camberg
Tel. 06434 7102
.
.
.
.
.
.
.
«Anrede»
«Vorname» «Name»
«Straße»
«PLZ» «Ort»
.
.
.
.
Hallo «anredeform»,
.
endlich ist es soweit: Meine Geburtstagsparty steigt im nächsten Monat! Ich lade dich sehr herzlich ein für

Freitag, 15. Juli ...., um 17:00 Uhr.

Wir feiern in der Grillhütte am Sportplatz.

Bitte bring das Fleisch, das du dir grillen willst, selbst mit. Für alles andere – Getränke, Salate und Brot – sorge ich.

Gib mir bitte kurz Bescheid, ob du am 15. Juli kommen kannst. Ich freue mich sehr auf dich und natürlich auch auf die Party.

Herzliche Grüße

Elektronische Post: E-Mail

Das Internet

Das Internet ist ein Zusammenschluss von vielen Netzwerken. Darin werden weltweit Informationen zwischen Millionen Computern ausgetauscht. Der wichtigste Dienst im Internet ist das World Wide Web, Abkürzung: www. Es ermöglicht den Zugriff auf aktuelle Informationsseiten. Auf der ersten Seite, der Homepage, stellen sich die Absender vor: Firmen, die Produkte oder Dienstleistungen anbieten; Behörden und Organisationen, die über ihre Ziele und Aufgaben informieren; aber auch Privatleute.

Die E-Mail

Über das Internet können auch Briefe und Informationen aller Art von Computer zu Computer übermittelt werden. Diese elektronische Post (auch E-Post, E-Mail genannt) ist schneller und preisgünstiger als die herkömmliche Post. Technische Voraussetzungen für E-Mail: Personalcomputer mit Internet- und E-Mail-Software, ISDN-Karte oder Modem.

Die E-Mail-Adresse

Zum Versenden einer E-Mail ist eine eindeutige E-Mail-Adresse erforderlich. Sie gestaltet sich nach den Vorgaben des jeweiligen Anbieters.

Die meisten E-Mail-Adressen sind so aufgebaut:
Empfängerbezeichnung@Anbieter.de;
bei der Verwendung persönlicher Namen:
Vorname.Name@Anbieter.de

Beispiele:
s.ztg.genau@t-online.de
sylvia.nagel@freenet.de

E-Mail-Adressen dürfen keine Umlaute, kein ß, keine Leerzeichen, keine Sonderzeichen enthalten. Die einzelnen Gruppen können mit Punkt, Mittestrich oder Grundstrich getrennt werden.

Moderne Programme erkennen sofort, dass es sich um eine E-Mail-Adresse (oder um eine Internet-Seite) handelt. Die Adresse (bzw. Internet-Seite) wird auf dem Bildschirm blau dargestellt und automatisch unterstrichen. Klickt man mit der Maus auf die E-Mail-Adresse oder Internet-Seite, wird man automatisch mit dem Internet bzw. mit dem E-Mail-Programm verbunden.

Kopien – Betreff

Im Kopf des unten stehenden Musters sind neben der E-Mail-Adresse noch *Cc, Bcc* und *Betreff* angegeben.

Cc = Carbon Copy: Der Empfänger erkennt, wer eine Kopie erhält.

Bcc = Blind Carbon Copy: Will man vermeiden, dass der Empfänger erfährt, an wen eine Kopie der Nachricht geschickt wird, gibt man den Kopieempfänger in diesem Feld an.

Der Betreff ist für die Bearbeitung und Verwaltung von E-Mails unverzichtbar.

Absenderangaben

Auf die Grußformel folgen die Absenderangaben: Postanschrift; Telefon, Telefax, E-Mail. Die Postanschrift ist unverzichtbar, wenn der Absender vom Empfänger Postsendungen erbittet, z. B. Prospekte, Bücher u. Ä.

Bei komfortablen E-Mail-Programmen werden die Absenderangaben als Signatur automatisch eingegeben. Diese Autosignatur wird bei jeder E-Mail, die man verschickt, automatisch eingefügt.

An ...	koelntourismus@stadt-koeln.de
Cc ...	
Bcc ...	
Betreff:	Bitte um Informationen

```
Sehr geehrte Damen und Herren,

bitte senden Sie mir Informationsmaterial über die Stadt Köln. Die Klasse
8 a der Geschwister-Scholl-Schule in Halle plant eine Klassenfahrt nach
Köln.

Freundliche Grüße

Christina Schnell
Thüringer Straße 16 a
65520 Bad Camberg

Telefon: 0634 7102
E-Mail: Christina.Schnell@freenet.de
```


712772 U III →